自律的孩
有大格

让孩子自主性成长的

清清育儿互助组◎著

北京联合出版
Beijing United Publish

改变你与孩子的相处方式，提升孩子的格局

有位妈妈年逾四十才生下了女儿，所以对女儿异常珍视。从孩子很小的时候，她就一路"护佑"着孩子，生怕孩子受到丝毫伤害。一次，孩子忘记了带水杯，她发信息给老师，让老师帮孩子找一瓶水喝，老师因为上课没能及时回复，这位妈妈干脆打车去了学校，向老师一把鼻涕一把眼泪，不断诉说自己的女儿有多么重要。

在这样的母爱之下，女儿从小就没有选择的余地，即使她一路按照母亲的要求选了专业，读了大学，母亲依然不肯放手。拥有这样的妈妈，女儿的状况可想而知：一方面，她缺乏自理能力，很幼稚，遇到芝麻大的事就惊慌失措，急忙寻求别人的帮助和照顾；另一方面，她又严重缺乏自信，感觉不到自己存在的价值，极度自卑。

养育孩子，其实应是父母与孩子建立一种亲密有间的关系。在这种关系中，孩子是成长的主角，父母的任务是帮助孩子成为

一个独立的个体，以便将来孩子离开我们时，能够独当一面。

父母都知道，自己不可能永远把孩子留在身边，必须放手让孩子走向独立。但独立是一条充满风险的路，什么时候放手，什么时候不放手，哪些事可以放手，哪些事暂时还不能放手，凡此种种，都是困扰父母的难题，并带给我们许多两难时刻：

你在厨房里正忙得团团转，还有几分钟就要开饭了，而你3岁的女儿却缠着你要吃零食，这时你是满足她，还是拒绝她？如果她因你的拒绝而哭闹、发脾气，你该怎么办？

外面正下着小雨，你6岁的儿子吵着要出去玩儿，是放手让他在斜风细雨里探索一番，还是因担心他感冒而拒绝？

一天，15岁的女儿找到你，说她想染发、扎耳洞，甚至文身，你是同意，还是不同意？

…………

这些棘手的问题，几乎每天都会遇到，为此我们伤透了脑筋，不惜以责备、威胁、辱骂、嘲笑、惩罚和吼叫的方式应对，弄得亲子关系十分紧张。有没有一种方法，能让父母既保持理智，又游刃有余地处理孩子的问题？

本书中，我们将向你介绍一种方法，这种方法就是"自主性成长法则"。

如果用一句话概括这种法则，就是：父母当顾问，把教育孩子的事情交给生活。想一想，如果你是一位投资顾问，你会如何与你的服务对象相处呢？首先，你会仔细了解你的客户，搞好与他的关系，相互信任。其次，你会为他分析利弊，确定一个安全边界，然后提供选项，供他选择，但无论如何，你都不会替他选择，因为你十分清楚，对方才是主角，你只是服务于他。

同样，当顾问型父母的关键，在于为孩子确定安全边界后，就要按捺住担心与不舍，放手让孩子自己去闯。经历是最好的老师，孩子只有亲身体会过，才会相信冬天不戴手套后手会冻僵、会疼，才会明白如果总是发脾气，渐渐地会没有朋友与自己玩。**孩子永远无法理解自己感受之外的事情，只有亲身经历，才能真正领悟，并实现由内而外的成长。所以，父母与其苦口婆心地教导，不如让生活给孩子们上一课。**

在谈及这一点时，一位父亲动情地说："眼睁睁看着自己的孩子因失败而陷入痛苦，父母忍住不插手简直是一种煎熬，其痛苦的程度远远超过孩子。但是，我女儿有时比我想象的更有韧性，失败的痛苦很快就会过去，她很快就会冷静下来，并从教训中学到很多。"

无论我们多么爱孩子，都不能代替或者逼迫孩子成长，成长的主角始终是孩子。每天我们想方设法训练孩子如厕、睡觉、学习，但无论我们对此有多少宝贵心得，完成这些事情的终究还是孩子，我们只是协助者。如果没有调动出孩子的主动性，父母所有的努力都是白费。

很多父母忍不住插手本该由孩子做主的事情，每天逼孩子遵照既定的安排吃饭、睡觉、学习、上兴趣班，即使孩子已经满 18 岁，在填报大学志愿时，我们依然觉得自己比孩子有发言权……在每一座城市、每一所学校的门口，到处都能看见父母们焦虑的面孔。

有焦虑的父母，就不可能有主动成长的孩子。当孩子不能成为主角，他们也就没有了主动性、责任感和进取心。焦虑的父母，配以自卑的孩子，这是很多中国家庭的真实写照。父母若真的想让孩子成才，当务之急，就是放弃焦虑，收回控制，让孩子主动成长。

"自主性成长法则"从根本上改变了父母与孩子的相处方式。当父母对很多事情能够做到不操心，孩子自己就会对这些事情上心。而在这个过程中，孩子可以学会自我调节、自我管理，最终实现自我主宰。这些能力，就是我们所说的"自律"。

自律不是天生就有，需要从小培养。比如，孩子没有按照图纸搭积木，妈妈明知道这样搭积木很快会塌下来，但是依然忍住不插手，并在孩子失败时鼓励孩子用另外一种方法重新再来。那么，孩子就能通过亲身体验，知道错误的决定会导致失败的结果，并能在妈妈的鼓励中继续尝试，直至获得成功。每个孩子都渴望自己解决问题，渴望通过自身的努力获得成功，当父母允许孩子独立去面对问题时，孩子会释放最大的潜能，尽可能将问题解决。而在解决这些问题的过程中，孩子会变得越来越自信，越来越自律。

正如本书所阐述的：主动成长的孩子往往很自律，而自律的孩子在成年之后往往有很强的自控力；能够抵御诱惑，做出正确的选择；能够处理各种复杂的局面，集中力量解决困难；能够承担责任，逐步成就人生的大格局。

涂道坤

Contents

目录

第一部分　自主性成长法则

自主性成长法则

"对于家长和孩子来说，最伤害彼此的唯有两件事——生活得太近和保持距离太久。"

——美国作家托马斯·潘恩

第一章

你的相处方式，决定孩子未来

日本电影《被嫌弃的松子的一生》中，松子的父亲总是板着一张冷脸，7 岁的松子感受不到爱与温暖，便通过扮鬼脸来讨父亲的欢心，而这种习惯动作一旦形成，终身难以改变。

松子长大后进入成人世界，每当遇到难堪的事情，便会下意识地用扮鬼脸来应对，结果导致一连串的误解与霉运。

父亲的冷脸、松子的鬼脸，触及了家庭教育的核心：父母怎样与孩子相处，孩子就会做出怎样的回应，天长日久，逐渐形成相应的性格特征、心理特征和行为习惯，并以此为蓝本进入社会。

所以，在很大程度上，父母与孩子的相处方式，决定了孩子的未来。

那么，什么样的相处方式才有利于孩子成长？

应怎样建立这种有利的相处方式呢？

在回答这些问题之前，先让我们来看一看两种不利的相处方式吧。

过度保护的妈妈，自我缺失的女儿

李丽结婚之后，一直怀不上孩子，没少受婆婆的埋怨。她看过中医，也看过西医，还忍痛做过疏通输卵管的手术，但都无济于事。年过四十之后，李丽决定放弃，当丁克一族。谁知就在这时喜从天降，她怀孕了，生下一个女儿，取名王娟。

李丽对女儿异常珍视，成了一个过度保护的妈妈。她满足女儿的一切需求，生怕女儿受丝毫的伤害。在女儿尚小的时候，这种相处方式的弊端还不明显，但上小学后，就显得有些不合适了。例如，有一次，女儿上学忘记了带水杯，李丽发了很多条信息给老师，让老师帮孩子找一瓶水喝，老师因为上课没有及时回复，李丽干脆打车去了学校，向老师一把鼻涕一把眼泪，不断诉说自己的女儿有多么重要。

还有一次，学校组织学生去夏令营，当李丽从老师发回的照片中看到女儿玩得很开心时，竟然感到了深深的失落。她之前设想过女儿哭闹的场景，设想过女儿会缠着老师打电话给她，请求她把自己接回家，而当这一切并未发生时，她内心空落落的，忍不住哀叹：女儿竟然不需要我了。

随着王娟慢慢长大，李丽的过度保护就成了一道围墙，阻挡了女儿的成长之路，母女关系也因此摩擦不断。对于女儿来说，由于妈妈的"护佑"，她没有经历多少风雨，缺乏磨炼，不会自己处理问题，严重依赖妈妈；但同时她又埋怨妈妈，甚至攻击妈妈，指责妈妈很少给她独立做主的机会，无论是选择上哪所大学、选什么专业，还是找工作、谈恋爱，妈妈都要干涉。而对于李丽来说，自己殚精竭虑，为女儿操碎了心，却还被埋怨，感到很受伤，想不通为什么她为女儿做了那么多，女儿却越来越不尊重自己。

现在女儿王娟已经25岁了，人长得很漂亮，袅袅婷婷，但内心却陷入了激烈的冲突：她想逃离妈妈，独立掌控自己的生活，但又严重缺乏自理能力，很幼稚，遇到芝麻大的事都惊慌失措，也不知道应该如何与人相处。在恋爱问题上屡次受挫后，本来就缺乏自信的她由此极度自卑，患上了抑郁症。

在心理咨询室，咨询师没有与王娟谈具体的病情，而是天南海北聊她喜欢的事情。当聊到电影时，王娟说，她很喜欢宫崎骏的《千与千寻》，看了几十遍。

"你最喜欢电影里的哪个角色？"咨询师问。

"无脸男。"王娟回答。

"无脸男"是宫崎骏塑造的一个神秘鬼怪，他幽灵般依附在桥上，全身黑色，来来往往的人视他如空气。

"无脸男"没有脸，隐喻一个人没有自我，渴望在关系中被接纳、被认可、被看见，并由此获得存在感。

王娟对心理咨询师说，她每次看《千与千寻》时，都会流泪，觉得自己很像那个"无脸男"。

王娟是一个自我缺失的人，而原因显而易见，从小妈妈过度保护，大包大揽，一方面是出于爱，但另一方面也不断给女儿输出心理暗示："你是脆弱的，没有妈妈，你什么也做不了。"在与女儿的相处中，李丽不是要求女儿偶尔需要妈妈，而是时时刻刻都需要，非妈妈不可，没妈妈不行，只有女儿依附到如此程度，李丽才感到安心，并拥有了一种成就感——我对孩子很重要。久而久之，这种密不透风的爱，必然会让女儿感到窒息，产生深深的自我怀疑，无法独立，没有存在感，也感受不到快乐。

什么是快乐？快乐就是真正与自我同在。

而王娟感受不到自我，她的"自我"与妈妈的"自我"粘连在了一起。

不摆脱这种病态共生，王娟的人生之路必然荆棘丛生。

强势的爸爸，怯弱的儿子

张一伟毕业于名校，本身很优秀，是一家公司的总裁。他与儿子张强的相处方式为：自己是绝对的权威，是制定规则的人，而儿子需要做的，就是无条件服从。他经常对儿子说："我让你做什么，你就做什么""我这都是为你好"。

张一伟居高临下，逼迫儿子按照自己的设想去活，要求儿子也要像他一样优秀，只要儿子没有达到他的要求，比如成绩没有达到95分，或者竞选班委落选，都会招来他的严厉训斥：

"你是我的儿子，必须做到最好。"他给儿子制定严格的作息时间表，规定何时睡觉、何时起床、何时做作业，每天安排得满满当当。他认为，唯有严格地训练儿子，让儿子处处出色，才是爱的表现。

张一伟认为，优秀是逼出来的，不逼，儿子就会贪玩、偷懒，就会输，而输家的人生是没有意义的。不过，张一伟的努力却前功尽弃，他本想把儿子培养得像他一样勇敢、坚强，但奇怪的是，儿子张强的性格越来越胆小怯懦。

一次，张一伟带儿子去朋友家做客，朋友拿出糖果给张强吃，张强明明很想吃，却不敢伸手，而是胆怯地看着爸爸，直到爸爸点头说"吃吧"，他才把糖接了过去。朋友看到这一幕很是惊讶，因为儿子看爸爸的表情，没有丝毫父子之间应有的亲密与温暖，就像是老鼠见了猫，充满了畏惧。

张一伟的这种相处方式，给儿子张强带来了很多负面影响：

第一，由于父亲高高在上，习惯用大量贬低和羞辱性的语言去命令儿子，张强不仅不能从父亲那里感受到爱，还必须承受着巨大的压力。压力之下的张强内心紧张，缺乏安全感，做任何事的出发点都是为了让父亲高兴，不被责罚。

第二，张强没有任何选择的余地，虽然很听话，也很守规矩，却缺乏主动性和独立选择的能力，总是上当受骗，令父亲万分失望。

第三，由于父亲的压制和逼迫，张强表面上十分恭顺、彬彬有礼，但这并非他真的乖巧听话，那些被压制的情绪并未消失，而是像火山的能量一样不断积攒，到了青春期，张强性格突然大逆转，脾气变得暴躁，充满了攻击性，对父亲非常冷漠，父子关系剑拔弩张。

冷脸配鬼脸，过度保护配自我缺失，强势管教配胆小怯弱，这些相处方式都是有害的，既不利于孩子成长，也会引发父母与孩子之间的纠葛、冲突和争吵，让关系变得紧张，甚至恶化。这些父母之所以解决不了孩子的问题，是因为他们本身是问题的制造者，而非终结者。

20多年来，看着自己的孩子，还有亲戚朋友的孩子一天天长大，曾经襁褓中的婴儿变成了亭亭玉立的少女，而那个流鼻涕的小男孩如今成了帅气的大小伙子，我们既感慨，又惊叹。同时，孩子们的表现也像一面镜子，照出了我们养育方式中存在的问题，其中有失误、有后悔、有遗憾，有些尚可弥补，而有些木已成舟，要改变难上加难。所有的经验与教训归拢起来，可以用一句话总结：父母与孩子相处，要亲密有间。

所谓"亲密"，是用爱与温暖，与孩子建立起牢固的依恋关系，这种关系是孩子与父母之间的心理脐带，能够给予孩子最原始的安全感、信任感。有了这种安全感和信任感，孩子才有勇气去感受、去探索，去发挥自己的主动性。

所谓"有间"，是尊重孩子的独特性，尊重孩子的心理、想法、行为，给孩子腾出足够的空间，培养孩子的自主性。

"亲密"与"有间"，缺一不可。过度保护的父母，虽然"亲密"，却没有边界，压制了孩子的自主性，而强势的父母，虽然"有间"，却没有与孩子建立起依恋关系，孩子感受不到亲密、爱与温暖：他们的性格、心理和行为都会发生扭曲。

父母如何才能做到既"亲密"又"有间"呢？

接下来，我们将介绍一种有利的相处方式，这种方式的建立并不复杂。而且，与其说是建立相处方式，不如说是要转变态度。只要父母转变对待孩子的态度，摆正自己的位置，有利的相处方式一旦建立起来，不利的东西就不会再产生了。

顾问型父母，主动成长的孩子

无论父母多么爱孩子，都不能代替和逼迫孩子成长，成长的主角始终是孩子。每天我们想方设法训练孩子如厕、睡觉、学习，但无论我们对此有多少宝贵心得，完成这些事的终究还是孩子，我们只是协助者。如果没能激发出孩子的主动性，父母所有的努力都是白费。

所谓有利的相处方式，是让孩子成为主角，而父母只是顾问，陪伴在身边，给予他们爱与温暖、理解与关怀，让孩子主动成长，并从中学会自我管理，即自律。

作为顾问，**父母的职责是给孩子确立一个安全边界，然后放手让孩子自己去选择，把教育的事情交给生活。**因为人是永远无法理解自己感受之外的事情的，所以，只有让孩子亲身去

经历，他们才能真正领悟。

下面，我们来分享赵勇的故事。

很多年前，赵勇一家住在一个小城里。赵勇6岁时，一个寒冷的清晨，全家出门，妈妈问赵勇："儿子，今天很冷，你要不要穿羽绒服？"

"不要。"赵勇回答。

遵照顾问型父母的原则，赵勇的妈妈没有干涉儿子的选择，而是温和地说道："好吧，不过，我得穿羽绒服。"然后，妈妈穿上了羽绒服。

出门后，没走几步，赵勇就冻得瑟瑟发抖，牙齿不停地打架。妈妈关切地看着赵勇，赵勇结结巴巴地说："嗯……嗯……下次……下次，我要穿上我的羽绒服……羽绒服。"

这就是顾问型父母要做的：给孩子提供选项，让孩子自己选择，并承担选择的后果，从亲身感受中获得领悟。

如果一开始母亲就直接命令："穿上羽绒服，外面很冷。"赵勇可能会直接拒绝，并引发争执。而如果妈妈很强势，逼赵勇穿上羽绒服，那么赵勇虽然能一路暖暖和和，但是，他会很讨厌妈妈，并且什么也学不到。

8岁时，赵勇有了一个毛病，喜欢嘲笑别人。一天，他去招惹邻居家的大孩子，结果被对方一把摁在草坪上，不仅啃了一嘴的泥，还流了点鼻血。爸爸看见了事情的整个经过，却并没有在一开始命令儿子闭嘴，也没有出面制止邻居家的孩子，他并非不心疼儿子，而是让儿子自己承受自己惹的祸。虽然赵勇吃了些苦头，但这些都是能够承受的代价，关键是，切肤之痛让赵勇由此懂得了不尊重别人的后果。

在"尊重人"与"嘲笑人"之间，赵勇做出了错误的选择，但正是出于对孩子的爱，赵勇爸爸让儿子自己承受了代价。如果他中途出面干涉，那么，爱嘲笑人的赵勇，也就错失了以最低代价汲取教训的机会，长大后势必会付出更惨痛的代价。

庆幸的是，由于赵勇的父母是顾问型父母，所以，赵勇从小到大，在主动成长中，通过无数次的选择和丰富的亲身经历学到了很多。他知道自己的每个举动必然会造成后果，而自己则必须承受这些后果。因此，到了青春期时，赵勇就已经具有很强的自律能力了，并以优异的成绩考进了清华。

赵勇大二暑假回老家的时候发生了一件事情。一位名叫李军的高中同学开车约赵勇与另外3个同学出去玩。5个老同学两年没见面，很是开心，他们找了一家餐厅，点了菜，还点了酒。赵勇说："李军，你就别喝酒了，要开车。"可是李军却告诉他，人要像风一样自由。赵勇极力劝阻，但根本没用。聚会结束后，赵勇宁愿坐公交车，也不愿意坐李军驾驶的车。因为他知道人要像风一样自由，但更知道自律是自由之母。就在那天晚上，李军醉酒驾驶，发生了重大恶性交通事故，一死三伤，而死亡的那位同学坐在副驾驶座，那原本是赵勇的位子。

赵勇能逃过一劫，不是因为侥幸，也不是因为运气，更不是冥冥之中的天意，而是父母当顾问，让赵勇在主动成长中学会了自律。他明白事物之间存在因果，知道如果醉驾，就大概率会出车祸。他能控制自己的情绪和行为，即使同学笑他胆小怕事，也要傻傻地去坐公交车。可以说，正是自律，救了赵勇一命。

很多人以为自律是成年人的事情，却不知道自律需要从小时候开始培养。如果赵勇的父母不是顾问型父母，如果赵勇没有6岁时那次受冻的经历、8岁时的挨揍，以及一系列挫折，就不会懂得自我约束的重要性，也就不会明智地躲过一劫。

赵勇的父母从小就给赵勇提供了主动成长的空间，让赵勇自己思考愿意接受哪种结果。也正因此，赵勇有机会从生活中获得学习与感悟，培育出强大的自律能力。

大学毕业后，赵勇到上海一家高科技公司工作，两年后，他回家对父母说："爸爸妈妈，我想向你们借钱。"

"多少？"

"100万。"

"你要那么多钱干什么？"赵勇的父母有些吃惊。

"我要与几个朋友一起开公司。"

父母对赵勇是十分信任的，因为儿子的表现早就证明他是一个自律，能控制冲动、控制风险，可以充分施展才华的人。但赵勇的父母也不免有些犯愁，他们哪有那么多积蓄。

一个月后，当父母把银行卡交给赵勇时，赵勇问："你们从哪里弄来这么多钱？"

"我们把老宅卖了。"

儿子感动得热泪盈眶，这是多大的理解、信任与支持啊！

三年之后，赵勇回家过年，交给父母一张银行卡："爸爸妈妈，这是你们股息的分红。"

"多少？"

"300万。"

父母很是惊讶。

儿子接着说："爸爸妈妈，我没跟你们商量，就直接把借你们的钱转成股份了。公司发展很好，很快要被一家大公司收购，估计利润会翻很多倍，您二老就等着享福吧。"

父母看着儿子，感动不已，不是因为那些钱，而是这么多年的心血没有白费，他们把儿子培养成了一个有出息的人。还有父母与孩子之间的深情——父母对儿子深深的理解和信任、儿子

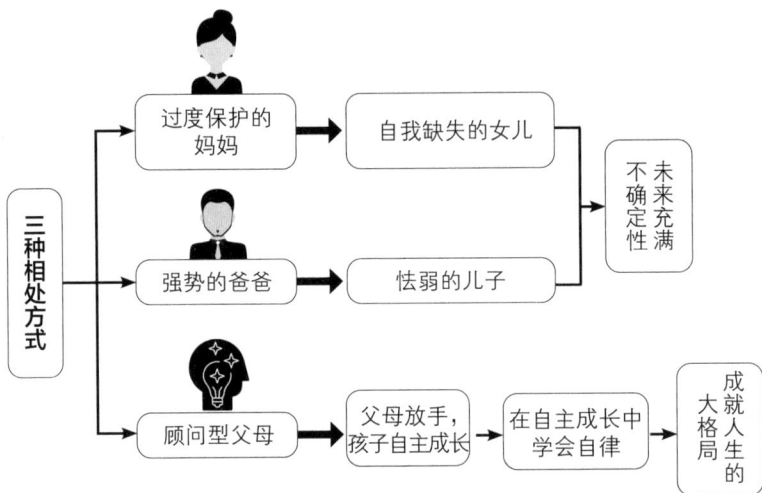

相处方式决定孩子未来

对父母的感恩与孝顺，有什么比这人间真情更能触动人心呢？

　　从上述故事中，我们可以看出，赵勇的优秀得益于父母与他的相处方式，这种相处方式有三个关键步骤：父母放手，孩子自主成长；在自主成长中学会自律；在自律中成就人生的大格局。而将这三个步骤衔接起来，就构成了本书讨论的主题——"自主性成长法则"。父母用这个法则，**让孩子学会自律，就好比是把卫星送上了轨道，孩子就可以自行运转了。只要做到这一点，也就基本完成了为人父母的使命。**

　　下面，我们来具体介绍"自主性成长法则"的三个步骤。

第一步：父母放手，孩子自主成长

孩子是生命的奇迹。

一个稚嫩、毫无防备能力的婴儿来到我们身边，吃喝拉撒睡，完全依赖我们照料。而我们最多只有 18 年的时间，来让孩子为未来面对复杂的现实世界做好准备。一个孩子未来能否站得比别人高，看得比别人远，关键就在于父母对待孩子的态度。

"父母之爱子，则为之计深远"，想成为称职的父母，必然要将目光放得足够长远，为孩子的未来奠定良好的基础。而今大多数父母并不吝啬为孩子付出，但往往因为用错了方法，对亲子关系持有一种错误的态度，结果自然不会理想。

有一对夫妻，自身都是成功人士，他们从儿子一出生，就为他谋划好了一切。用他们的话说："父母拼命奋斗，就是为了让孩子活得轻松一些。"儿子也确实听话，一路按照他们既定的路线长大，但是到了 20 多岁的时候，他却头一次违抗了父母的意愿，起因是他交的女朋友。这对夫妻凭借丰富的社会经验，看穿了女孩对待儿子并非真心，他们反复提醒儿子要小心被女孩骗。接着，父母发现不见效，索性禁止儿子与女孩来往，谁知道，一向听话的儿子却二话不说搬出了家。事情的结果，确实如夫妻俩所料，儿子人财两空，受到了沉重的打击，很长时间都意志消沉。夫妻俩怎么也想不明白，他们都是很精明的人，为何儿子偏偏这么愚蠢。

其实，孩子看似愚蠢的行为背后，往往是长期不能自己做主的结果。如果父母不当顾问，一直不给孩子自主成长的机会，他们从小没有从错误中获得历练，那么长大之后就很容易中别人的圈套。

通常孩子在9个月大的时候，自我意识开始形成，就可以做一些简单的选择了。因此从那时候起，父母就需要逐渐做出温和的改变，让孩子自己解决一些力所能及的问题，并让孩子从中体会到荣耀。在孩子的成长过程中，如果父母总能让孩子试着解决一些问题，这些问题可以带来挫折，但同时又能让孩子成长，那么孩子就会逐渐锻炼出独当一面的能力。这样孩子到了十一二岁的时候，大多数问题就都能够自己拿主意，不需要父母再操心了。

然而，想要实现以上效果，需要父母先实现一次思想上的跃迁——从担心到关心。

在这里，必须要澄清两个概念，担心与关心是两种不同的态度。"担心"的内核是焦虑，中国父母在这方面表现得尤其明显，小到一次考试，大到一次升学，足以让无数父母夜不能寐。而父母表达担心通常有两个渠道：溺爱与控制。有时我们会选择其中一个，有时干脆双管齐下。最常见的，就是父母一方面无微不至地照料着孩子的生活，连一件衣服都不忍心让他们自己清洗；另一方面，却大笔一挥将孩子的日程表安排得满满的，还不允许孩子有丝毫的异议。

而父母一旦表现出担心，也就无形中把焦虑渗透给了孩子，这会破坏孩子的自主感，让孩子失去内在的支撑、勇气和力量。所以，焦虑的父母，配以自卑的孩子，这是很多中国家庭的真实写照。

这些缺乏自主感和活力的孩子接受的爱不是太多，而是太少，因为当父母处于焦虑状态中，给予孩子的往往不是爱，而是操纵。

有两个孩子都在骑车时摔倒，其中一位妈妈大惊失色："哎呀，都流血了，心疼死我了，下次别骑了。"而另一位妈妈则告诉孩子："没关系，下次戴上护具，你一定能玩得更开心。"两位母亲不同的反应，传递了两种不同的信息：第一位妈妈给予孩子的信息是，这太危险了，你没有能力掌控；第二位妈妈给予的信息则是，虽然遭遇了挫折，但妈妈信任你，相信你能掌控。而两个孩子分别能从这次摔跤中学会些什么呢？第一个孩子明白了两件事：摔跤很疼，骑车是件可怕的事。第二个孩子除了知道摔跤不好受、有危险外，还知道了这个问题完全是可以克服的，自己能够继续愉快地骑车。

相信这两位母亲都是为孩子好，而她们的区别就在于，一位是"担心"孩子，另一位则是"关心"孩子。当父母在孩子身边不断担心孩子时，必然会将自己的焦虑传递给孩子，孩子会因此变得畏手畏脚，而且，心中还会形成这样的心理暗示："因为我不行，妈妈才会这么担心。"这无形中强化了孩子的依赖性，弱化了孩子的主动性。

而当妈妈以顾问的形象出现在孩子身边，关心孩子时，孩子感受到了一种信任——妈妈相信自己以后能骑得更好。受到这种心理暗示的孩子，会更加主动，并且开始思索事物之间的联系——如果自己想些办法，比如戴上护具，就不会弄破膝盖了。如此一来，随着每次凭借自己的力量战胜挫折，孩子的主动性将会不断提升。

我们为人父母，都希望孩子将来有出息，但我们要率先转变，孩子才会发生变化。

因此，父母需要摆正位置，只充当顾问，不安排或干涉孩子，也不在孩子需要陪伴、关心和指导时缺席，而这种相处方式的优越性主要体现在以下三个方面：

第一，在确定安全的同时，让孩子自己说了算，不仅避免了孩子的压抑和叛逆，还可以让他们学会为自己的选择负责。

第二，既然是孩子自己的选择，他们就不会怪罪父母，这会减少父母与孩子之间的冲突，防止亲子关系的紧张和恶化。

第三，在自主性成长中，孩子形成独立思考的能力，能积极面对问题，并解决问题，变得越来越能干。

总之，父母放手，孩子才能在自主状态下，去思考并判断一些问题，发挥自己的主动性和积极性。他们用各种亲身体会，了解到自己在面对某个问题时，可以采取哪些对策。

一天，如果你的孩子在放学后哭着告诉你，有同学在篮球训练中骂了他，你会作何反应？你会心疼，并且生气，同时很想去找当事学生及家长理论一番。但如果你真的出面做了这一切，那么下次孩子在遇到类似问题时会自然而然地认为，向父母求助是唯一的解决途径，于是再一次哭着跑回家。

除了替孩子出头，父母其实有很多更智慧也更有效的办法。比如，我们可以做孩子的顾问，给出建议，之后让孩子自己试着去解决。比如，父母引导孩子想出"无视对方的攻击""还击""化敌为友""请老师调解"等各种对策，这些对策哪个都比哭着回家要好。而更重要的是，日后当孩子再次与同学产生矛盾时，他很可能会沿用这次尝试的成功经验，或者还会试着选择另一种方式，但无论如何，他绝不会把责任推给父母。在未来漫长的人生中，每当他出现人际关系方面的问题，以往的这些经验都会给他提供借鉴，当很多孩子还在这类问题上一筹莫展的时候，他早已经掌握了其中诀窍。

第二步：让孩子自己选择，在犯错中学会自律

李娜是两个孩子的母亲，朋友们去她家拜访时，看到她很认真地给两个孩子发钱、记账，还让孩子们在一个小本子上签字。有人问她这是在干什么，她回答道："我是在给孩子们贷款，这样他们能学到基本的金融知识。我发放的这些贷款和银行的贷款一样，有到期日和抵押品。有一次，大儿子没有如期还款，我就收回了他一副新买的耳机。"

"那孩子一定很伤心吧？"朋友问。

"是的，但这件事给孩子们很大的教育。孩子们现在就已经知道一个贷款人的责任和义务了。他们知道什么是抵押担保，还知道如果到期不还款，抵押品耳机就要被收回。而我邻居家的孩子，已经26岁了，直到银行收回了他贷款买的车时，他才领悟到了同样的道理，我的孩子领先了他十几年。"

与自律相关的种种体验，都逃不开"承担责任"这四个字。孩子是否有责任感，直接决定了他们能否实现自律。而想让孩子明白这一点，必须先给孩子权利，让他们自己去选择，这样孩子才会为自己的选择负责。就像上述故事中的母亲李娜，她先给孩子权利，让孩子自己决定"贷款"多少，用什么做抵押品。如果一件事是我们代为选择的，那么无论后果是好还是坏，都不会触动他们，他们只会觉得一切与自己无关。

有些父母认为，简单地给孩子定几条规矩，让孩子遵守，他们就会变得自律。这些父母错误地把"他律"当成了"自律"。自律不是他律，规矩是外在的束缚，会令孩子反感、抵触，而自律是自己管理自己的能力。也可以说，**他律是鸡蛋从外面打破，而自律是鸡蛋从里面打破，是孩子内在的需求，是在自主成长中心甘情愿地选择。**

也有父母觉得，他律比自律来得方便，他们会说："让孩子自己决定什么时候做作业？你开什么玩笑，那他一定会半个字都不写！还不如我盯着他效果好。"

还有一些父母认为，只要自己苦口婆心讲道理，就能教会孩子自律。这也是行不通的。父母永远无法用嘴巴教会孩子自律。对于孩子而言，只有尝到自己做主的滋味，才知道自律有多重要。

在送孩子上学时，我们总能看到这样的景象：父母拉着孩子的胳膊，不停叮嘱着孩子："上课好好听讲。""多喝水。""别和同学打架。"直到孩子不耐烦地甩开父母的手，父母还向着校门口张望，总觉得还有话没说完。

很多父母都有个错觉，认为自己只要将一件事情说得越详细，或者重复的次数越多，孩子就能执行得越好，但事实上，孩子们是不可能对父母的这类叮嘱上心的，他们只会无比厌烦。想想看，如果我们的老板每隔一个小时就来过问工作进度，或者我们的伴侣每五分钟就问一次饭什么时候做好，我们肯定会感到生气，认为对方是在怀疑自己的能力。

父母过度的操心，不仅会让孩子感到厌烦，也会让孩子产生自我怀疑。很多父母都没意识到，如果孩子未曾经历过一件事，即使父母再绘声绘色地进行描绘，孩子也不会相信。所以，父母们一定记住一点：孩子是无法理解自己感受之外的事情的。**要让孩子理解父母，必须先让他们信服，而信服的前提，则是身临其境去感受。**李娜的孩子如果没有亲身感受抵押品被"没收"的痛苦滋味，就不会有按时还款、自律的需求。

真正的自律源自自主，如果孩子没有自主选择的权利，自然也就不会懂得自律的必要性和重要性，并因此学会自律。

很多父母之所以不愿意让孩子选择，一个重要的原因就在于，既然是选择，就有可能会选错。孩子还小，保护孩子是父母的天性，所以，很多父母很难对孩子的错误无动于衷，他们宁肯自己替孩子受过，也不肯看着孩子因犯错而吃苦头。

而"自主性成长法则"的一个重要理念，就是允许孩子犯错，认为有些错误来得越早，对孩子越有好处。所以，父母在孩子很小时，就应该让其自己处理某些问题，即使明知孩子选错了也不加干涉，尽量让孩子把错误都犯在小时候。

孩子自主性成长，一个不可避免的结果是，一定会犯错。但小时候犯的错，是代价最小的错。随着孩子长大，所要做的选择越来越重要，而选择错了的后果也就越来越严重。所以，"自主性成长法则"不仅不会阻止孩子自己做主，还会在一定范围内，允许并鼓励孩子按照自己的意思办，因为这样一来，孩子就有机会把错误犯在小时候，以承受得起的代价学会自律。如此，孩子长大之后，才能控制冲动，抵制诱惑，承担责任，避免犯下严重的错误。

归根结底，孩子的自律，不是来自于父母的说教，而是来自于孩子在自主性成长中获得的亲身经历和感受。无论父母如何语重心长，都无法让孩子变得自律，孩子只有通过自己的选择，经历了失败之后，才懂得自我约束的重要性。在培养孩子自律方面，父母与其一千次地耳提面命，不如让生活给他们"上一课"。生活会让孩子认识到不自我控制、没有责任心，会给自己带来什么后果。

生活是最残忍的老师，但孩子会从中学到很多。

成长是一个不断面对问题并解决问题的过程。孩子主动去面对一些问题，可以开启自己的心智，激发自己的勇气。每个孩子都渴望解决问题，而不是被问题困住。当孩子陷在自己的问题中时，他们会动脑筋、想办法，释放出最大的潜能，努力将问题解决。心理学大师斯科特·派克说："问题，是我们成功与失败的分水岭。"如果父母能够在孩子面临问题时，不越俎代庖，他们就能在解决问题的过程中学会自律，不仅如此，他们还会用学到的自律去解决更多、更大的问题。

所以，自律并不是小技巧，而是大智慧。孩子只有在自主性成长中才能学会自律，掌握未来人生中所需要的一切技能。

第三步：自律的孩子有大格局

科学家做过一项著名的"棉花糖实验"。他们召集了上百名 4 岁的孩子，每个孩子被单独带进一个小房间内，房内的桌子上放着诱人的棉花糖。他们给孩子两个选择：一是马上吃掉棉花糖；二是忍住不吃，只要坚持 15 分钟，就可以获得两倍奖励。许多孩子立刻表示愿意等待，但很少有人能够坚持到底。大部分孩子等不到 1 分钟，就会吃下棉花糖，而剩下的一些人，最多坚持 5 分钟或 10 分钟，就再也忍不住了。

经过长达数年的跟踪调查，那些立刻吃掉棉花糖的孩子，长大后大多学习成绩差，出现了肥胖、行为不良等问题；而那些能推迟满足感，即自律的孩子，往往学习成绩优秀、心胸开阔、格局很大。

父母都希望孩子有大格局，但为什么说自律的孩子才有大格局呢？因为自律的孩子能以积极而主动的态度，解决生活中遇到的问题。通过自律，孩子们知道在面对问题时，如何以冷静、明智的态度，从中获得益处。

身为父母，我们自然不会无视世界的复杂性。孩子越是长大，他们面临的诱惑就越多，危险也越多。父母不可能永远保护孩子，孩子们终究要自己去面对社会的各种阴暗面。所以，父母与其沉浸在焦虑不安中，不如把孩子培养成一个自律的人。只有父母放弃焦虑，忍住不插手，孩子才能自律。而唯有懂得自律的孩子，才能从容不迫地应对各种诱惑，避开生活中的险滩与暗礁；唯有自律的孩子，才能勇于承担、善于取舍；也唯有自律的孩子，才有能力逐步将内在的格局展开，拥抱更广阔的世界。

可以说，孩子的自律程度，决定了他们人生的宽度、高度和深度。

让我们节选孩子成长中的几个阶段，具体说明当顾问型父母与孩子自主、自律以及大格局之间的关系。

3 岁阶段

早餐时，一个孩子妈妈问："孩子，你是喝牛奶，还是喝豆浆？"

而另一个孩子妈妈说："孩子，把牛奶喝了，不喝不允许出门！"或者："孩子，把豆浆喝了。"

对于第一个孩子来说，妈妈这个看似无关紧要的细节，会让孩子自己考虑几秒钟，然后给出答案。如果父母在很多方面都给孩子提供选择的机会，久而久之，孩子的主动性就会越来越强，逐渐学会独立思考。而第二个孩子乖乖听从妈妈的指令，也就逐渐失去主动性，错失独立思考的机会。

所以，妈妈当顾问，给孩子选择的机会，孩子才有主动性。

4 岁阶段

选择兴趣班时，第一个孩子妈妈问："你是喜欢画画、弹钢琴，还是其他的？"妈妈陪孩子去各种教育机构，让孩子自己去感受、去尝试、去选择。

第二个孩子妈妈说："孩子，妈妈觉得你选钢琴比较好。"

孩子："不，我想选书法。"

妈妈："孩子，你还小，这种事你不懂，妈妈替你决定了，就选学钢琴！"

第一个孩子在自己选择时，仔细思考，想弄清楚自己到底喜欢什么，不喜欢什么，而且还学会了最重要的一点，这个问题是自己的问题，必须自己承担选择的责任。

第二个孩子没有选择权，一方面感到很失望、很生气，另一方面又觉得或许妈妈说得对。在这件事，以及其他很多事情上，自己似乎没有能力自己做主，当然，也不需要自己承担责任。

6 岁阶段

第一个孩子上小学时，老师布置作业，其中有一道算术题很难，孩子想："这是我自己的问题，我得想办法解决。"孩子动脑筋，想办法，终于自己做对了。

第二个孩子面对算术难题，会想："这太难了，我得回家让妈妈帮我做。"因为一直以来，无论是喝牛奶、喝豆浆，还是选兴趣班等，都是妈妈在帮他做决定。

12 岁阶段

第一个孩子在无数次选择中，逐渐学会自律，不用父母催促，就能主动学习，成绩优异，而且也能很好地处理与老师、同学之间的关系，父母很省心。

第二个孩子缺乏主动性，也不能自律，遇到问题时，不知所措。妈妈抱怨："你都这么大了，一点自理能力都没有，学习成绩越来越差，真是气死我了！"妈妈一边抱怨孩子无能，一边又不断替孩子解决问题。

18 岁阶段

第一个孩子清楚自己人生的方向，知道要上什么大学、选什么专业，因为从选兴趣班那个时候开始，孩子就与自己的内心逐步建立起了联系。同时孩子也知道，通往梦想的道路，并不是笔直的，总会有些曲折，有些迂回，而每一次转弯和每一个困境，都需要自己用自律的力量来解决。他不会把自己的命运交给别人来决定。

第二个孩子不知道自己将来究竟想做什么，也不清楚自己要上什么大学、学什么专业，一直以来，孩子的兴趣和能力都被父母压抑，早就与内心失去了联系，只能听任父母、他人，以及命运的安排。稍有不顺，他就会怨天尤人，不是埋怨父母、抱怨别人，就是哀叹上天不公，偏偏让自己遭遇如此多的麻烦、压力和困境。

30 岁阶段

第一个学会自主自律的孩子早已成人，在自己喜欢的工作和事业上竭尽全力。虽然会遇到很多困难，但任何困难都无法阻挡其实现理想的脚步，而从小培养出来的自律能力，则帮助他克服了重重困难。在这个过程中，困难不再是围栏，反而成为进步的阶梯，让他拾阶而上，不断拓展自己的眼界、心胸、能力和格局。他从不计较一时的失败，而是从长远的角度看事情，最终不仅心智越来越成熟，在事业、爱情、婚姻和人际关系上，也越来越成功。

第二个无法自主自律的孩子虽然身体上早已发育为成人，但心智的成熟度却还停留在幼儿阶段，他目光短浅、心胸狭窄，很在乎眼前的享受和利害得失。他缺乏自律能力，一遇到问题就逃避，他不能解决问题，那些问题就会一直横亘在那里，挡住其前行之路。无论是其见识、能力，还是格局，都被限制在一个狭小的范围内。

心理学大师斯科特·派克在《少有人走的路》中表达了这样的看法：自律，是解决人生问题的首要工具，你不能解决问题，你就会成为问题。这些缺乏自律的人，不能推迟满足感，不能承担责任，不懂得取舍，不尊重事实，不能管理好自己的情绪，很容易出现心理疾病，成为父母、兄弟姐妹、亲戚朋友或者社会的难题。

相信天下的父母，对孩子都有足够的爱。成为父母的那一刻，我们的每个毛孔都透着希望。我们期待着孩子长大，期盼与他们分享欢乐，期待充满温度的拥抱和话语，还期盼在回忆往事时能给自己带来无限的幸福。但如何与孩子相处，如何让孩子主动成长，拥有更宽阔的未来，则是我们此刻需要思考的问题。摆在我们面前的道路无外乎两条：

第一条路，以一种高贵的决心，发誓一辈子不让孩子受一点折磨，尽全力保护他们，或严格管束，不给其丝毫的自主权，强行塑造孩子。但等到孩子长大之后，才发现他们自我缺失，不能自律，根本无法照顾自己，那时我们已经老了，只能望着他们痛彻心扉，却无能为力。

第二条路，以一种更深沉的爱，按捺住不舍与焦虑，看着孩子自己汲取人生的种种经验和教训，在自主性成长中学会自律，成就人生的大格局。

第二章

我能做主，我才自信

　　周末的早上，8岁的小女孩萍萍正在自家院子里练习跳木马。但那个木马对她来说显然有点高，她尝试了几次都失败了。

　　爸爸看见萍萍有点灰心丧气，就走过去，拉着她的手说："我相信你一定能行的。"

　　萍萍得到鼓励后，屏住呼吸，全神贯注，再一次朝木马冲去，终于一跃而过。

　　跳过木马的萍萍兴奋地挥舞着小拳头，大喊大叫，无比自豪。对于她来说，这不是简单的一跃，而是一次完整的教育。她体会过挫折时的沮丧，关键时刻萌生出不放弃的勇气，以及收获了成功后的喜悦，这些都会在她幼小的心灵打上深深的烙印，成为她将来应对困难和挑战的样本。

　　当父母成为顾问，站在旁边，鼓励孩子去尝试一些事情时，如果遭遇失败，孩子会吸取教训，从内部调节自己，学会自律。而如果凭借自己的力量获得成功，孩子会变得自信。跟自律一样，自信的来源，并不是父母替孩子完成的那些事，也不来自于父母一遍又一遍地夸赞孩子"你真能干"，而是来自于孩子的自主性成长。只有那些经过自身努力获取的成功，才能让孩子获得自信，其过程一般分为四个阶段。

1. 孩子勇敢地去做一些他们认为自己做不到的事。
2. 在尝试的过程中，艰难地挣扎。
3. 经过一段时间，孩子完成了最初设定的目标。
4. 看着自己取得的成绩，说："看，我做到了！"

这些阶段必须由孩子自己来完成，才能树立起自信。如果父母尽心尽力地让他们开心，甚至有求必应，孩子并不会因此自信，而只会任性。孩子必须经过自身艰苦努力，排除困难，为自己挣得一些东西，才能真正感到自信。

当然，父母给孩子的任务要适当，既不能让孩子轻轻松松就能解决，也不能大大超出孩子的能力范围。对于一个 12 岁的孩子来说，他不可能在搭积木的过程中获得自信，而对一个蹒跚学步的孩子来说，花样滑冰就是太荒谬的要求。父母要为孩子设定与其年龄相应的任务，更要将这些任务以及做决定的权力交给孩子，而不是代替他们完成。

如果你替孩子解决那些他们能够自己解决的问题，孩子并不会感激你，反而会反感你。

有一位爸爸，看到儿子搭积木总是搭不好，于是，就自作主张让孩子站在一边，自己替孩子将城堡准确无误地垒好。结果出乎爸爸的意料，孩子不但不高兴，还哭着躺在地上，用小脚丫把城堡踹倒。爸爸感到很困惑：我帮你搭好了城堡，你却不领情？！

一位妈妈和儿子坐电梯，说好由儿子按楼层的按钮，结果她忘记了，自己按了按钮，儿子号啕大哭。妈妈不明白，这点小事怎么会让孩子发那么大的脾气。

如果这些爸爸妈妈了解了"自主性成长法则"，就会明白孩子并不是无理取闹，而是因为父母扰乱了孩子的世界。事实上，父母越是不断介入孩子的问题，指手画脚，就越是把孩子的问题变成了自己的问题，剥夺了孩子的自主感、存在感和自信心。时间一长，孩子得不到历练，其心智的成长就会变得缓慢，甚至停滞、萎缩。

日本有档人气节目，叫作《初遣》。初遣的意思就是第一次被父母派遣出门，也就是咱们所说的"帮爸妈跑腿儿"。那些接到初遣任务的孩子，都是 2 到 6 岁之间的幼儿。

在第一次独自出门时，他们有的兴奋，有的忐忑，还有的干脆大哭起来。在完成任务的过程中，他们会买错东西，会忘记要办的事，会迷路，甚至会困得在路边坐着睡着了。但所有工作人员都不会出面帮助，而是暗中看着孩子们独立面对这一切，因为，这都是他们成长中必须经历的挫折。

该节目得到很多父母的支持，不少父母说，自己在看节目时常会不知不觉就热泪盈眶，看着孩子们勇敢地战胜困难，又哭又笑地完成了人生重要的第一次，即使是成年人，也会深受感动。

孩子从自己独立完成的事情中，可以收获很多，有时候，这意味着：在孩子为完成一项任务而苦苦挣扎时，你只能袖手旁观，尽管你代替他或者施以援手时不费吹灰之力。例如，星期六，杨梅带女儿急着出门，但女儿却慢吞吞地自己系鞋带。如果杨梅替女儿系，一分钟就能搞定。虽然时间紧张，但是杨梅却站在旁边，没有插手，足足等了一刻钟，女儿才勉强系上了鞋带。后来，女儿有经验了，第二次系鞋带只用了10分钟，第三次用了5分钟，后来就非常熟练了。

父母陪伴孩子，但不插手孩子的事情，这会让孩子产生强大的内在动力，让孩子相信自己，而不是别人，依靠自己，而不是父母，进而勇敢地去解决一些问题，并由此形成良性循环：我能做主，我才自信；我越自信，越有动力。

相反，如果从来不让孩子经过努力去争取自己想要的东西，或解决自己的问题，那么孩子就会变得自卑。自卑，是自信的反面。我们都曾有过自卑的时刻，因为遭遇了某件事，心中不断哀号着"我不行""我做不到""我难为情""我不够好"。孩子也是如此，他们因为能力、经历、心智程度等因素，自卑的程度比成人只多不少。而根据心理学研究的结论，一个人的自信程度只有在超过自卑的两倍时，才能发挥出自己的潜力。正是出于这样的原因，有些孩子虽然身怀天赋，却会因为自卑而意志消沉、犹豫胆怯，白白埋没了才华。

一个不争的事实是，无论孩子是在什么样的家庭中长大，只要他们缺乏自主感，就难免陷入自卑。缺乏自主感的孩子难以调动内在的动力，每当遇到问题时，根本不相信自己能够解决，所以也不会主动采取行动，而是会指望别人伸出援手。这些孩子形成了一种恶性循环：我不能做主，所以我自卑；我越自卑，越没有动力。

自信的孩子在每天起床后，会兴致勃勃地告诉镜子中的自己："你可真不错，我相信大家都会喜欢你。"自卑的孩子则会看着自己唉声叹气："连我都不喜欢你，更别提其他人了。"

两种态度，代表了两种截然相反的自我认知。自卑是一种低自我认知，自卑的孩子容易自暴自弃，比如故意不做家庭作业；还可能靠攻击性行为寻求成就感，比如打架斗殴、欺凌同学，或对老师和父母恶语相向等。总之，他们不懂得如何对自己负责。而自信则是一种高自我认知，这类孩子相信自己，也能感受到父母对自己的信任；他们通常有很多朋友，能按时完成功课，在学校也不惹是生非，知道怎么对自己负责。

关于自我认知的重要性，美国作家梭罗曾精准地概括道："恰恰是一个人对自己的看法，决定了他的命运，指向了他的归宿。"

孩子都是在接受心理暗示中长大

"这孩子，为什么总不长个子呢？"一位妈妈常当着孩子的面嘀咕。

"我告诉过你一百次了，为什么你就改不掉丢三落四的毛病呢？"一位爸爸吼叫道。

"唉，你怎么总尿床，真拿你没有办法！"一位妈妈唉声叹气地说。

"你难道就不能快点吗？总是磨磨蹭蹭的！"一位妈妈生气地嚷嚷。

…………

以上这些父母总是盯着孩子的缺点，并且故意放大，孩子就会深感自卑。

很多父母错误地认为，只有强调孩子的缺点，孩子才能认识到自己的不足，进而去学习，去改变。其实，这是在抹杀孩子的自信。还有一些父母，特别擅长给孩子"挑刺"，如果孩子考了98分，父母一定会抓住被扣掉的两分不放；如果孩子被评选为优秀学生，父母一定会追问与选票最多的那个差了多少票。

总之，这些父母永远不会满意，而他们无论什么时候和孩子交流，总是围绕着孩子做不好或做不了的事，哪怕孩子的问题非常微小，父母也一定会将这些缺点一一罗列出来，不断让孩子感到自己的不足。这样做的结果就是，孩子对自己的评价极低，自信心被一点点蚕食掉了。如果父母能用孩子的优点帮他们建立良好的自我认知，孩子的自信心则会不断增强，能力也会相应地越来越强。

不要害怕孩子会在鼓励中骄傲忘形，作为成年人，我们不妨想象一下：如果一位敬重的领导告诉我们，他认为我们是公司有史以来最优秀的员工，我们必然会大受鼓舞，拼命工作。但如果领导说我们毫无价值，或者揪住我们的错处没完没了，我们也会大受打击，甚至颓废下去。这种被心理学称为"权威预言实现"的现象，在父母与孩子的相处中随处可见。

在年幼的孩子心中，父母就像神一样的存在，父母说出的话或给出的心理暗示，具有强大的影响力，孩子会在潜意识中做出回应。例如，父母不肯让孩子做选择，孩子可能接受到的心理暗示是："爸爸妈妈不让我做选择，是对我不放心，而为什么不放心呢？是因为自己不行。"然后，孩子会花费大量的时间、精力与情感去寻找证据，以证明自己确实不行。负面的心理暗示就像一根毒刺，深深扎进孩子的心。

一些父母经常说出如下的话：

"你总是这样烦人，活脱脱一个累赘。"

"这么简单的题都不会做，你可真笨。"

"像你这个样子，早晚要进监狱。"

当父母经常说孩子是个累赘，孩子很可能相信父母的话，并产生这样的想法："爸爸妈妈嫌弃我，会不会有一天抛弃我？"这种被抛弃感会让孩子陷入深深的自责和自卑中。而当孩子搞砸一些事情后，父母经常说孩子愚笨，孩子便会在心中默认："爸妈说得没错，我就是一个愚笨的人，要不然，就不会总犯错。"从此，孩子会避开那些有挑战性的事情，放弃比赛和竞争，因为只有这样，他们才会感到舒适和安全。同样，如果父母经常暗示孩子将来会成为罪犯，那么孩子很可能会用实际行动证明你的预言没有错。

相反，如果父母给予孩子正面的心理暗示，情况就大不一样了。

三年级第一学期的期中考试成绩出来了，高峰从学校拿回试卷，他得了85分。妈妈没有盯着被扣掉的那15分，而是将注意力放在高峰获得的分数上。

妈妈："这道题很难，你做对了，你是怎么做到的？"

高峰："我提前预习了。"

妈妈："还有这道题也比较难，你也做对了。"

高峰："妈妈，有一些题我做错了。"

妈妈："没关系，妈妈从来不担心，你的成绩会越来越好的。"

妈妈正面的心理暗示同样会在高峰的心中产生巨大的作

用，孩子接受了妈妈的心理暗示，自然会加倍努力，以此证明妈妈的眼光没错。

王萍在读小学时，对于写作一窍不通，但语文老师却极力鼓励她，说她有当作家的潜质，以此帮助她建立信心。认识到老师对她的权威预言后，作为回应，王萍努力练习写作，投入了巨大的热情。长大后，王萍成了一位优秀的作家，成功出版了好几部作品。

每个人都是在一连串的心理暗示中长大的，每个孩子的今天，都是父母昨天预言的实现。我们身为父母，通过自己的语言和行动、鼓励和榜样，向孩子传递着能让他们感知自我的信息。

可以说，孩子的自我认知，是被父母表达的隐含信息塑造出来的，这些信息既可以给孩子以鼓励，帮助他们建立自信，也可能增加孩子的挫败感，让孩子变得自卑，成长之路举步维艰。

孩子是杰出的观察家，却是糟糕的翻译官

晚饭过后，一对夫妻因为生活琐事而争吵不休，他们言辞激烈，毫不相让……

而在另一个房间里，刚才在做作业的孩子马上蜷缩着躲在桌子下，吓得不停流泪，他的心里翻转着一个念头："一定是我的学习成绩不好，才让爸爸妈妈总是吵架。"

孩子的父母对这一切一无所知，事后他们或许会重归于好、风平浪静，而他们的孩子却由此陷入了无尽的自责和自卑之中。

可以说，孩子是杰出的观察家，却是糟糕的翻译官。因为孩子能敏锐察觉父母情绪上的变化，却弄不懂这些变化的真正原因，只能自己做出翻译和解读。而他们最常做出的一个错误解读，就是将父母的矛盾归结到自己身上，认为自己只要更乖一些，成绩更好一些，父母就会心情大好，关系融洽。这也印证了一件事：如果父母总是对孩子发火，将愤怒与焦虑抛给孩子，孩子就会陷入惶恐，担负起自己不该担负的责任。

我们希望孩子成为有责任心的人，但是不代表要让孩子背负起取悦父母、维护父母关系的责任。

孩子除了会误读父母的情绪外，也会误读父母的语气、表情、措辞、句式等细节问题。很多时候，我们的初衷是好的，但因为某些我们自己都没注意到的细节，会让孩子们接收到的信息与我们实际想说的完全不符。

一位父亲问孩子："你为什么这么做？"父亲其实仅仅想表达字面上的意思，问孩子做出这件事的理由，但是因为父亲没有注意控制自己的语气，声量稍微大了一些，孩子便将父亲的询问解读成了："你太愚蠢了，竟然会做出这种事。"

再比如，一位妈妈对孩子说："我对你说过好多次了，你怎么还是没改。"她觉得自己只是在陈述事实，但孩子却容易将这话理解为："你脑子真笨，不长记性。"

孩子是敏感的，他们会通过我们的措辞、表情、动作等，迅速解读出可能的潜在信息。让我们看看下面这些常见的场景——

"宝贝，我会让你自己决定。"

表面含意："你可以自己做决定。"

隐藏含意："你有这个能力。"

"我再给你一次机会，但愿你能好好表现。"

表面含意："希望事情能有进展。"

隐藏含意："因为你搞砸了，我才不得不再给你一次机会。"

"出门时别忘了穿外套。"

表面含意："别冻着。"

隐藏含意："你根本照顾不好自己。"

总之，孩子所理解的，不一定是我们真正想说的。

还有些时候，父母们故意透露出隐含的信息，以达到责备和打击孩子的目的。比如："宝贝，你今天不会不穿外套的，对不对？"看起来是在让孩子做决定，但其实，这种拐弯抹角的暗示，对孩子的打击更大。

有些父母发现间接暗示无法控制孩子，就直接命令孩子按自己的意志行事。当父母气势汹汹地要求孩子"闭嘴""别吵了"或者是"把电视关了"的时候，所传递的信息都在削弱着孩子的自我认知，把孩子打入自卑的深井。父母所下达的每一条命令，都会被孩子解读为：

"你是不听话的孩子。"

"你没有能力自己找到答案。"

"你做什么都得听别人的指令。"

相反，运用"自主性成长法则"，父母就不会否认孩子的感受，不会驳斥孩子的想法，不会嘲笑孩子的喜好，不会贬低孩子的人格，不会怀疑孩子的能力，不会伤害孩子的感情，不会激怒孩子的情绪，而是会倾听孩子、尊重孩子、理解孩子，帮助孩子建立自信。

自主性成长的宗旨，就是在确定安全的范围内，让孩子自己做主，父母仅仅充当顾问，负责提供参考意见。虽然这看来只是一种关系上的调整，却会给双方带来心理上的巨变：

一方面，由于父母时刻谨记成长是孩子自己的事情，不逼迫，不干涉，所以在说话时自然不会夹枪带棍，采取隐形的攻击和指责，由此也就杜绝了负面的心理暗示；另一方面，孩子从父母那里感受到了信任和爱，性格会变得阳光开朗，充满自信和活力。此外，还能减少亲子间的冲突和矛盾，让关系变得温暖和谐。

不同的自我认知，不同的人生

9月1日，秋高气爽，这是上小学的第一天，在校车里，陈燕和张斌两个孩子相邻而坐，脑袋里却转着不同的念头。

陈燕目光炯炯地望着学校大门，满心期待："学校应该很有趣吧，我能交到很多朋友，还能学到不少东西。上学是件愉快的事。"

张斌却耷拉着脑袋想："上学真让人紧张。我也许会听不懂课，可能交不到朋友，我完全不明白上学有什么好。"

两个孩子的想法，为什么会出现这么大的差别呢？原来，孩子都是通过0~6岁接收到的隐含信息来确立自我认知的。从

XX小学开学典礼

出生那一刻起，孩子就开启了一项长达一生的任务——寻找被接纳的感觉，并以一种积极的方式获得关注和认同。

在0~6岁期间，陈燕得到了各种正面暗示——她有能力、可爱、有价值。她的父母给她传递了这样的信息："我们爱你本来的样子，因为你就是你。"在很小的时候，陈燕就被允许按照自己的想法做事。

如果天气冷，父母会问陈燕："你今天是想穿着外套呢，还是只想带上它？"吃饭时，父母会问她："你是喝果汁，还是牛奶？"稍大一点之后，父母会说："你是先倒垃圾，还是吃完饭再去？"虽然她决定的都是一些简单的小事，但是决策的过程却让她受益。一方面，她没有压迫感，觉得一切是自主的，愿意与父母合作；另一方面，这也让她逐渐形成了自己的判断力，变得很自信。

在0~6岁期间，张斌也接收到了很多暗示，但那些都是来自父母的抱怨和命令。他感觉父母的每句话都是在说："如果你能做得好一点，我们本来是能更爱你的。"张斌从来不被允许自己做决定。如果天气冷，他的父母会说："把外套穿上。不穿不许出门！"吃饭时，父母会说："你必须把牛奶喝完！"稍大一点，父母会命令他："马上去把垃圾倒掉！"这些负面的心理暗示，让张斌觉得自己没能力独立做事，很自卑。

父母不同的暗示信息，造成了孩子不同的自我认知。结果，入学第一天，陈燕对自己的能力毫不怀疑，而张斌心中却充满了疑虑。

第一次领到作业后，陈燕立刻投入其中，尽最大的努力完成了它。但是张斌却不知如何是好，他大脑中一个声音时不时响起："你不行，你从来就不行，你根本不能独立完成一件事情。"张斌不想在别人面前出丑，所以他尽量拖延，不想动手做作业。

而在将来，陈燕很可能会不断获得成功，而且微小的成功还可能会激发出巨大的成功。张斌呢，则可能对一切毫无兴趣，他消极地回避着挑战，让父母和老师都很头疼。

可见，家庭是孩子构建自我认知的摇篮，从孩子出生那一刻，父母就要给孩子不断传递积极的信息。

自我认知的三大支柱

为了帮助孩子建立良好的自我认知，父母需要做好三件事。这三件事会变成支撑孩子自信的三大支柱。其中任何一点没能做到，孩子的自信都会受到重创。

支柱一：让孩子相信，他们被生命中的神奇人物深爱着

在孩子的眼中，父母属于"神奇的人物"，不仅因为父母孕育出了孩子，给了孩子生命，还在于他们是与孩子情感最亲密的人。

还记得我们儿时，得了满分卷子或者奖状后，是多么迫不及待地跑回家，巴不得能早一分钟让父母知道这个喜讯，而这份迫切，并非想要取悦父母，而是因为我们与父母有着爱的联结，所以希望和父母分享这份喜悦。

孩子爱着父母，同样也需要从父母那里感知到爱。而让孩子感受到父母的爱，是帮助他们建立良好自我认知的第一大支柱。

最好的爱，是无条件的爱。父母对孩子倾注的爱，绝对不应该有任何的附加条件。

有些家长并不是不爱孩子，而是有意控制着自己对孩子的爱，想通过这种方法来帮助孩子养成好习惯。他们会对孩子说："如果你听话，妈妈就爱你。""如果你那样做，爸爸就会生气，不爱你了。"

还有一些家长，把对孩子的爱专门倾注到孩子的某一方面上，比如提高学业，或者让某项技能出类拔萃。这些父母每天的脸色，完全取决于孩子卷子上的分数，或者作业本上的成绩，要么就是老师给出的反馈。在这样的模式下，孩子必然会受到一种心理暗示：只有在学习上有了进步，父母才会真正爱自己。

有一次，刚上小学一年级的秀云，她的作业做得一团糟，所有生字的拼音全部写错了。秀云的妈妈忍不住对她发火："不会写，也会抄吧，你连抄都抄不对，一点都不像我的孩子。"

这时，秀云哭着对妈妈说："妈妈，你能抱抱我、亲亲我吗？"

"作业写成这样，还想让我抱你吗？"妈妈开始还不理解孩子的意思，觉得孩子是在转移话题。

可是，秀云哭着又重复了很多次："妈妈，你能抱抱我、亲亲我吗？"

妈妈问秀云："我是来辅导你做作业的，为什么要抱抱你、亲亲你呀？"

秀云难过地说："妈妈，你发火之后，我觉得你不爱我了。"

这时，秀云的妈妈猛地醒悟过来，孩子要求拥抱与亲吻，是想获得一个证据——妈妈还爱自己的证据，而孩子之所以需要这个证据，是因为每次妈妈被作业牵动了情绪后，孩子都会产生一种认知：妈妈爱的，或许只是那个做好作业的我，而不是真正的我。

父母的爱并不一定是抱抱孩子、亲亲孩子，衡量真爱的标准，永远都是接纳和理解。有时候，父母微笑点头的表情，或是温和鼓励的眼神，都是爱孩子的表现。

心理学上有一个悖论，只有当我们能毫不迟疑地向孩子证明"他现在的样子已经够好了"时，孩子们才能变得更好。无论孩子性格乖巧、顽劣、活泼好动，还是内向、敏感、孤僻，我们都要用爱心去接纳。当我们以欣赏、理解的眼光去看待孩子时，孩子感受到父母的爱，就会建立起良好的自我认知，逐渐成为更好的自己。

所以，父母在与孩子交谈时，无论是字面意思还是隐含信息，都应该让孩子明白："无论你表现得怎样，我们都爱你。"并且，将这种爱意与轻拍肩膀、拥抱、微笑和眼神交流等结合起来，这能帮助父母和孩子建立起紧密的联系。同样，友好的摔跤、掰手腕、挤来挤去、玩笑的拳击等互动，也能促成父母与孩子的亲密关系，尤其是父子之间。当父亲和孩子产生这样的互动时，等于是在告诉孩子：

"我们享受在一起胡闹的时光。"

"小子，你现在已经很厉害了。"

"你长大了。"

"现在你很强壮了，我没法轻易战胜你了。"

当父母的语言、动作和眼神等糅合在一起，能传递出强有力的信息，以及浓浓的爱意，让孩子感受到父母无私的爱。

支柱二：让孩子相信，他们有能力将事情做好

小男孩阳阳看着爸爸在清扫房间，于是他拿起一把小扫帚，学着爸爸的样子扫除地上的灰尘。儿子默默地想：我长大了，我也有能力扫地，希望爸爸能看到，给予我肯定。

可是，爸爸看到后，却大声呵斥道："你看看，你把这里弄得一团糟！快躲开吧，让我快点把活干完！"

原本热情高涨、前来帮忙的阳阳，听完爸爸的评价后，就像泄了气的皮球。

帮助孩子建立良好自我认知的第二大支柱，是让孩子相信自己有能力将事情做好。由于孩子的心智还不成熟，需要通过

父母的评价来确认自己有没有能力，所以，父母信任孩子，孩子才会自信。

阳阳一门心思来帮忙，可是爸爸却嫌弃他做得不好，还打击他的积极性。如果父母一直如此，这种习惯性的挫败将会降低孩子的自我认知，让他们觉得自己很无能。

下面这些话，都会极大地降低孩子的自我认知：

"去一边玩儿，别在这里添乱了。"

"你怎么这么笨呢！"

"你就只能做成这样吗？"

"妈妈像你这样大的时候，已经可以……"

"你做事得用心，不要毛手毛脚的。"

孩子在学习做事时，难免会出纰漏，父母不要因此打击孩子，而是要用鼓励和示范来让孩子相信自己有能力将事情做好。例如，阳阳的爸爸可以这样说："哇，儿子，你已经知道怎么扫地了。干活是不是很有趣？来，看看爸爸是怎么用扫帚的，这样就能把土都集中起来了。"爸爸的话肯定会让孩子充满自信，努力把事情干好，并从中得到乐趣。

孩子天性爱玩，没有乐趣的事情他们是难以坚持下去的。因此，在孩子还小的时候，我们要确保孩子在做事的过程中能感受到乐趣。对此，我们可以做出示范，同时，在孩子尝试和学习的时候，不指手画脚，不对他们的行为进行批评。我们可以这样说：

"我看到你正在努力学习多位数除法。如果你需要帮助的话，就告诉我。"

"我看到你正在学习像妈妈一样铺床。你想看我示范一下，怎样把床单铺平吗？"

父母要发挥想象力和创造力，试着往孩子要做的事情中加入些乐趣。

张兰在和女儿一起洗碗时，会鼓励女儿发挥想象：我们现在冲洗盘子的时候，盘子上的细菌们不高兴了，它们开始大喊大叫："到底发生什么事儿了？那块大抹布要做什么？它把我从盘子上抹下来了！"然后，等细菌都被倒进厨余垃圾袋了，它们还会继续讨论："这是什么地方？""嘿，哥们儿，黑洞洞的！我什么也看不见！"

现在，女儿已经上了高中，她经常帮妈妈做家务、洗盘子，而且在洗盘子时依然快乐地想象着细菌尖叫和垂死挣扎的样子。

孩子在帮父母扫地时忽略了一两处，父母出手代劳是很容易的事，但我们必须明白，在孩子未来的人生中，必然有很多我们无法代劳的事。替孩子做事，会破坏孩子的自主性，也会抹杀他们做事的乐趣。因此，父母要善于引导孩子去做事，一方面身体力行做好示范，一方面融入孩子的乐趣，虽然这个过程比较麻烦，却能让孩子建立起良好的自我认知。

支柱三：让孩子相信，他们有掌控自己生活的能力

良好自我认知的第三大支柱，是让孩子相信他们有掌控自己生活的能力。当父母在一定范围内允许孩子自己做选择时，孩子就会逐渐形成这样的自我认知："我有掌控自己生活的能力。我能够做出决定，我也足够强大，能够面对选择带来的各种结果。"

我们经常听到这样的话：

"穿上外套。不然出去会冷的。"

"你饿了？不可能，我们一个小时前才吃过饭。"

"不要说了，我不会给你再买一杯饮料，因为你不需要。"

"现在就上床睡觉，立即！马上！"

"在我们出发之前，你必须去上个厕所。"

以上每句话，都是在告诉孩子，他们没有能力独立思考，没有能力掌控自己的生活，也没有能力做出决定，甚至包括上厕所这样的小事。父母不相信孩子能自己做好，过度干预孩子的生活，结果孩子的自理能力越来越差。

一般来说，孩子生来就具有掌控自己的生活和做出决定的潜力，不过，由于他们缺乏经验，所以往往会做出错误的选择。这时，只要父母不过度干预，他们就能从这些错误中汲取

教训，获得智慧。

综上所述，孩子良好的自我认知，是建立在以上三大支柱之上的，而父母所起的作用至关重要。想让孩子有良好的自我认知，父母首先要具备良好的自我认知。如果父母总是消沉、焦虑、抱怨，孩子也会缺乏主动性，自我认知变低。

运用"自主性成长法则"，不仅对孩子有好处，父母与孩子也会形成一种相互塑造的局面：父母在付出爱的同时，也会得到爱；孩子在成长的同时，父母也在进步；父母是顾问，孩子就会积极主动，变得自信。这样一来，孩子长大后，无论生活带来些什么，他们都有能力应对。

赞扬和鼓励的区别

秋日的一天，9岁的王雷和爸爸在公园中玩飞机。王雷的模型飞机每次飞出去很快就会掉在地上。可是，父亲却装出很高兴的样子大喊："儿子，飞得真棒！"

王雷歪着小脑袋看了看地上的飞机，露出了疑惑的神情。一连串问题在他心里冒了出来：

"这样也叫很棒吗？"

"可怜的爸爸，他是不是不知道什么叫飞得很棒？"

"爸爸是在骗我吗？"

很多父母都会犯这样的错误，认为鼓励孩子就等于不遗余力地赞扬。在父母看来，只要自己对孩子发出积极的信号，孩子就能接收到父母的心意，并认为自己很棒。

但事实上，孩子对于父母毫无原则的赞扬并不会买账。因为孩子对很多事情已经逐渐有了自己的判断，这时如果父母对其进行并不符合实际的表扬，孩子不仅不会感到欣喜，还会充满怀疑，质疑父母对自己并不真诚。父母的这种赞扬是无效的。

"自主性成长法则"告诉我们，有效的赞扬确实存在，但是必须建立在两个"假设"上——

假设1：赞扬者和被评价者之间关系融洽，至少互相尊重。

假设2：赞扬者必须真诚，并有能力判断某个行为或某件作品是好是坏。

这两个假设有任何一个不成立，赞扬就是无效的，甚至会产生反效果。王雷的爸爸明明有能力判断王雷的模型飞机飞得不好，但是他还要一个劲地赞扬王雷，结果孩子怀疑爸爸不是出于真心。

与赞扬相比，鼓励的优势就很明显了：

1. 它不要求两者之间关系融洽，陌生人也可以。

2. 它相信孩子能够自己判断自己的行为以及局面，并能主动做出选择，进行调整。

3. 它接纳孩子的自我评价，甚至包括极端苛刻的自我评价。

一个孩子画了一幅画，但是他对自己的作品并不满意，这时，父母是赞扬还是鼓励，将会造成不同的结果。当赞扬上场时，情况是这样的——

父母：多漂亮的画啊！

孩子：我不觉得。

父母：为什么你觉得它不漂亮？

孩子：人的鼻子太大了。

父母：我觉得不大啊。

孩子：就是太大了。

父母：我不这样想。

孩子：就是太大了。

父母：不大。

孩子：大。

…………

可见，如果孩子在自我认知上比较苛刻，或者对某些问题格外在意，那么，父母称赞孩子的话，就会引发一场和孩子的争论。

如果采用鼓励的方式，情况可就大不一样了——

父母（用愉快而鼓舞的声音）：哇，你觉得你这幅画画得怎么样？

孩子：我不喜欢它。

父母：为什么？

孩子：因为人的鼻子太大了。

父母：看起来确实有点大，这是怎么回事呢？

孩子：我总画不好鼻子。

父母：可其他的地方你却画得很好，怎么做到的？

孩子：那是因为我不断练习。

父母：所以，如果你不断练习画鼻子，也会画得很好的，你说对不对？

孩子：嗯，有道理，我试试。

孩子都有自我评价的能力，也能独立思考，因此，他们会更喜欢听到鼓励。当然，这并不是说所有赞扬都是不好的，但赞扬强调的往往是外部评价，是他人对孩子是否满意，这种评价是不容易和孩子产生共鸣的。

当孩子的自我认知较低时，赞扬的结果往往会走向反面，让孩子的自卑变本加厉。因为，赞扬性的评价与孩子的自我认知不符，孩子会认为父母是在敷衍自己，或讽刺自己，因而会更自卑。

下面的表格中，列出了赞扬和鼓励的不同之处。

	赞扬	鼓励
来源	来自外部的良好感觉	内部形成的良好感觉
表现形式	陈述	提问
需要满足的条件	孩子与父母必须关系良好	无须人际关系的假设条件
内容	评论性的	无评论性
结果（当孩子具有较好的自我认知，且喜欢对方时）	对这件事感觉更好了；对这个人感觉更好了	感到自己做决定的能力增强了；自我感觉良好
结果（当孩子具有较差的自我认知时）	孩子会认为："他只是想让我好受一点。可他根本就不了解我。"继而，在消极行为上变本加厉。	与父母的关系更亲密了；拥有了更好的自我评价能力；只要提出的问题没有评判性，就不会使行为模式变差。

　　总之，赞扬是站在孩子的对面肯定孩子，或多或少给孩子一种高高在上的感觉，做好了有效，做不好会弄巧成拙。而鼓励是让孩子学会自己肯定自己，鼓励者与孩子站在同一边，给孩子一种肩并肩的感觉，所以更容易触动孩子的内心。

第三章

让孩子走向前台，父母隐入幕后

我们能够给予孩子最好的礼物，是良好的性格、好奇心、同理心，以及独立解决问题的能力。为此，我们要让孩子从小认识到在遇到问题时，首先要靠自己，而非他人。那些自主性成长的孩子，认为"我能找到解决办法""我可以应对生活中的一些困难"，所以他们善于学习，能创造性地解决问题，并取得成功。这是因为解决任何问题的最佳方案，就藏在处于问题之中的那个人自己身上。

下面几章，我们将介绍"自主性成长"三个最为重要的原则：

原则一：让孩子走向前台，父母隐入幕后。

原则二：让孩子自己选择，父母提供选项。

原则三：让孩子承担结果，父母情感引导。

掌握了这三个原则，就掌握了自主性成长的精髓。

我们先从第一个原则说起。

没有隐入幕后的父母

一岁多的安安正在学习走路，他走起路来歪歪扭扭，跌跌撞撞。

可是，每次妈妈想要伸手扶他的时候，他总是冲妈妈大喊大叫，并且扭动着身体，挥舞着小手，使劲挣脱妈妈的手臂。

妈妈很疑惑，不明白哪里没做对，自己只想扶他一把，不让他摔倒。为此，安安的妈妈还特意请教了其他父母。有位学过"自主性成长法则"的妈妈给她提了个建议，让她在孩子练习走路时，不要伸手去搀扶，而是让孩子自己尝试。

安安的妈妈听从了建议，当孩子要学习走路时，她就站在旁边看，不出手相助。效果让她大吃一惊，安安不仅不再冲她发脾气，而且走路时显得十分兴奋，即使摔倒了，也能高高兴兴地自己爬起来。

可见，蹒跚学步的幼儿，也不希望父母干涉太多，渴望通过自己的努力独立学会行走。如果愿望受阻，孩子就会生气、发脾气，直接表达不满。所以，父母在很早的时候就要满足孩子独立的愿望，放手让孩子自己去做一些事情。孩子需要自主性成长，只有通过自主性成长，他们才能学会走路，以及其他一些重要的本领。

"自主性成长"的第一条原则，就是让孩子走向前台，父母隐入幕后。那些养育出优秀孩子的父母，从表面上看很有方法，其实都是不约而同地遵循了这一原则。之前，安安妈妈扶着安安学走路，没有隐入幕后，所以孩子会冲她大喊大叫；而之后，她遵循了这条原则，孩子在发挥主动性的同时，与妈妈的关系也就变得和谐起来。

父母勇于让孩子走向前台，自己退居幕后，这是一种方法，更是一种态度、一种观念。观念的改变往往是艰难的，但是只要做出改变，就能让父母与孩子的相处方式发生巨变。父母拥有了与孩子相处的智慧，会更了解孩子。而孩子也不再压抑与暴躁，开始主动学习。但如果父母不从内心深处认同这一点，并真正做出改变，与孩子的相处就会冲突不断，很难变得愉悦、和谐。

在六一儿童节那天，一家商场的公共区域正在举行儿童画画活动，很多小孩子都在愉快地画着画。

4岁的小女孩芳芳正在专心致志地画画，而她的妈妈拎着购物袋，站在女儿背后仔细端详。

突然，妈妈问道："芳芳，你画的是什么呢？"

芳芳开心地叫道："小鸟！"

妈妈皱了皱眉："孩子，你看，小鸟的腿是不是太细了，应该这样画才更像小鸟。"

说完，妈妈从女儿手中抽出画笔，自己在纸上替女儿画了起来。

女儿愣了一秒钟，生气地抢夺画笔，开始哭叫："妈妈把我的小鸟画没了！"

大庭广众之下，妈妈觉得很难为情，于是生气地指责女儿："这孩子，一点也不听话！"

上面这个故事的关键在于，是孩子在画画，而不是妈妈。妈妈不经女儿同意就越俎代庖，等于把女儿推向了一边，自己站上了前台，压制了孩子的自主性，也破坏了和谐美好的亲子关系。也许，这位妈妈是出于好心，想帮女儿画好小鸟，但她的好心却成了一种羁绊，绊住孩子走向前台的脚步。

孩子从摇摇摆摆学走路到选择兴趣班，从小时候穿什么衣服到逼着孩子学钢琴，父母与孩子之间发生的种种冲突，大多数都是因为父母强势地站在了前台，把孩子推到了后面。而任何不隐入幕后的父母，都会阻碍孩子的自主性成长。

心理学家发现，没有隐入幕后的父母大多有如下几个心理特征：

1. 挑剔孩子，极力纠正、支配和改变孩子，让孩子有一种动辄得咎的感受。

2. 将孩子视为自我的延伸，让孩子在性格、兴趣、爱好、习惯以及行为方式上与自己保持一致。比如父母喜欢音乐，如果孩子表现出对音乐没有兴趣，父母就觉得难以忍受，甚至会禁止孩子发展他自己的兴趣。

3. 让孩子过度依赖自己，想要那种"非他们不可，没他们不行"的感觉。

4. 自我表现的欲望太强烈，喜欢别人赞美自己，也希望孩子说："妈妈真棒！""爸爸真厉害！"

5. 缺乏共情能力，很少倾听孩子，很少认同孩子的感受和情感需求，常把自己的感受强加在孩子身上。

6. 当生活不顺利时，抱怨是孩子拖累了自己。他们会对孩子说出这样的话："如果当年不是因为有了你，我肯定就获得晋升了。""我当年是有机会去做某项工作的，为了照顾你，就放弃了。"

父母不隐入幕后，不仅无法让孩子走向前台，开始自主性成长，还会给孩子造成可怕的身体和心灵伤害。

伟岸的父母，蜷缩的孩子

婷婷的妈妈想让自己4岁的女儿学钢琴，女儿不愿意学，妈妈就强行逼迫，甚至用"不许吃饭"和"不许出去玩"作为威胁。

有一天，婷婷在院子里玩耍，被妈妈发现了。妈妈就大声叫起来："我花了这么多钱给你买钢琴，还给你请老师，你居然不好好练琴，而是在这里玩耍。"

"妈妈，我不要学钢琴了。"婷婷哭起来。

"你为什么不学琴，说说你的理由……"妈妈叉着腰，越说越生气。

婷婷被妈妈逼得走投无路，十分痛苦。一天，趁妈妈不在，婷婷竟然抓起茶几上的苹果刀，划破了自己的小手。面对女儿如此强烈的反抗，看着那一道道像蚯蚓一样的伤痕，妈妈不但没有反思，反而一边缠创可贴一边斥责女儿："你再这样，就真的不能弹琴了！这么不听话，妈妈就不爱你了！"

像婷婷的妈妈一样，很多父母都在按照自己的想法塑造孩子，阻挡孩子走向前台，而他们最喜欢说的话有三句——

第一句："我是你妈，所以你要听我的！"

8岁的小男孩磊磊，想出去与小区里的朋友玩儿。

可是，妈妈横在门口说："不许出门，就在家里待着。"

磊磊："我已经做完作业了。"

妈妈："那也不行！"

磊磊："为什么我每次都要听您的？"

妈妈："因为我是你妈。"

磊磊的妈妈在说这句话时，并非是在强调为人母的责任，而仅仅是在宣示主权。在潜意识中，她把孩子当成了自己的附属品，不信任孩子有独立思考的能力，也不给孩子适当的选择权。

第二句："这孩子一点也不像我！"

在这些父母的观念中，孩子从来就不是不同于父母的个体。事实上，无论关系多么亲密，孩子都不是父母基因的复制品，父母基因的组合必然诞生出跟父母不一样的崭新生命。让孩子像你，根本就不可能，只能徒增失望和烦恼，还会对孩子的成长造成干扰。而说这种话的父母，根本就没有从心底完全接纳孩子。

第三句："孩子是妈妈身上掉下来的一块肉！"

每个孩子都有两种最基本的心理需求：一是依恋需求，二是独立需求。说上面这句话的妈妈，只强调了孩子的依恋需求，却忽视了孩子的独立需求。妈妈的子宫孕育了孩子，在分娩的过程中，孩子离开妈妈的身体。从这个角度来看，孩子无疑是从妈妈体内诞生出来的，与妈妈有着最亲密的关系。但问题是，孩子不是一块"肉"，而是一个鲜活的生命。孩子通过妈妈来到世界，但并不是妈妈的附属品，他有自己独立的感受、想法和梦想，虽然他在一段时间内依恋妈妈，但终究要自己选择生活。虽然他一直爱妈妈，将来也会孝顺妈妈，但不等于和妈妈粘连在一起。或许，正是因为潜意识中这种观念根深蒂固，所以，婷婷的妈妈逼迫女儿弹钢琴时，才如此理直气壮，感受不到孩子的痛苦。

以上三句话，充分反映出在很多家庭中，父母并没有隐入幕后，而孩子也没有走向前台，却是始终笼罩在父母的阴影中，其家庭结构往往呈现出一种畸形状态：伟岸的父母，蜷缩的孩子。

孩子逐渐长大，父母逐步让权

"让孩子走向前台，父母隐入幕后"是自主性成长的关键，这种观念上的改变，会让父母和孩子双方受益。也许你的孩子还处在婴儿期，也许你的孩子只有两岁，也许你的孩子已经进入了青春期，无论你的孩子多大，从出生那一天开始，其成长的脚步就不会停止，他将一步一步走上前台，迈向独立。而作为父母，随着孩子一天天长大，也将逐渐隐入幕后。一想到这点，许多父母在感到自豪的同时，多少也有些失落——孩子终于不再需要你了。

在孩子走向独立的过程中，我们的心情非常复杂，我们希望孩子在错误和失败中成长，却又很难眼睁睁看着孩子在痛苦中挣扎而无动于衷；我们知道自己的一切努力都是为了培养出孩子的自律性，让他们有能力离开我们，但当孩子真的离开时，我们又会感到伤心、失落、难以割舍。

前几天，李杰的妈妈要把15岁的儿子送到国外读高中。在机场分别时，儿子李杰昂首挺胸，进入安检区，走得很开心，头也不回一下，而他的妈妈目送他，却哭得很伤心。对于这种割舍的痛苦，心理学大师斯科特·派克用了这样的文字描述："虽生已离，未死先别，父母心，断肠人。"

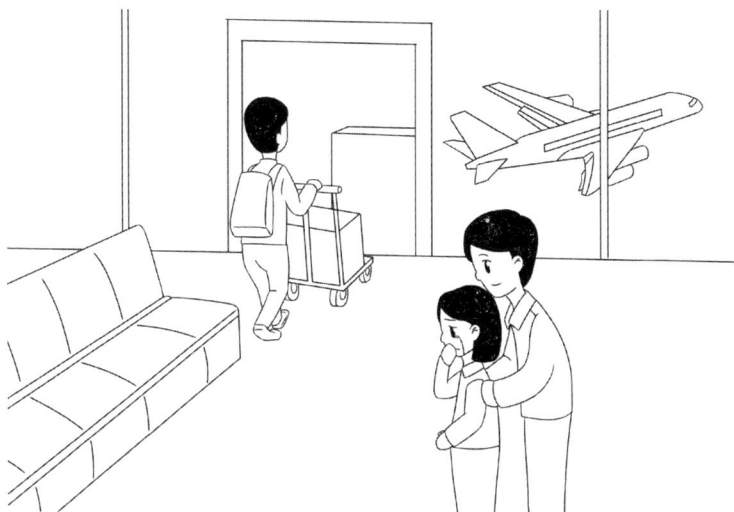

陪伴是对孩子的爱，但能够放手，默默隐入幕后，常常能考量父母是不是真正懂得如何去爱。过度保护的父母在孩子小时候，经常被认为是最有爱的父母，但在让孩子走向前台的过程中，他们却充分暴露了自己的焦虑和自恋。但奇怪的是，中国父母却为他们穿上一件漂亮的衣裳：溺爱。

李娟的妈妈，每天晚上9点，都是她最紧张的时刻，因为她坚信孩子只要超过9点入睡，就会影响正常发育，所以9点前，她一定会使用各种方法让李娟入睡。比如，看书、讲晚安故事、做床上体操等。一旦发现李娟没有按照她的计划睡着，她就会发火，指责孩子不明白自己的苦心。

在外人看来，李娟的妈妈一直是位模范妈妈，她每天 5 点多就爬起来给孩子洗衣服、收拾书包、准备丰盛的早饭；为了及时了解最新的教育动向，她在开学第一天，就添加了所有同学家长与老师为好友，经常询问其他家长给孩子报了哪些兴趣班，买了哪些习题集，每个月还至少向老师询问一次孩子的表现。为了培养孩子，李娟的妈妈给孩子报了 10 个兴趣班，而且每一个她都亲自接送，从不喊累。有时在讨论教育问题时，难免有其他父母与她意见相左，每到这时，她就会语气轻蔑地评论："他们什么都不懂。"

无疑，李娟的妈妈是爱孩子的，但同样无疑的是，她深深地陷入了焦虑与自恋中。她为孩子是否能出类拔萃而焦虑，甚至细化到了几点钟睡觉，但同时，她笃定自己选定的模式是最好的，看不起那些和自己想法不同的人。

"溺爱"这个词，常会让人误以为父母给予孩子的爱太多了，其实，父母是借此隐瞒了内心的焦虑和自恋，是一种自欺欺人的谎言。在这种谎言的掩盖下，父母对孩子过度保护，不断插手孩子的事情，破坏了孩子的自主感和主动性。这些没有获得过自主性成长的孩子，往往内心空虚、失落、抑郁，因为他们根本就没有得到过真正的爱。爱是成长的力量源泉，这力量能慢慢把孩子推向前台。所以，对孩子来说，再多的爱都不嫌多，压根就不存在溺爱这回事情，真实的情形是，哪有溺爱的父母，全是焦虑和自恋的爸妈。

作为父母，焦虑似乎是一种常态。从孩子降生的那一刻开始，我们就在为孩子担心，害怕孩子生病，害怕孩子过马路时出什么意外，害怕孩子在学校被欺负，害怕孩子成绩不好，将来没有出息……在恐惧的灌溉之下，父母焦虑的心在疯长。

同样，所有父母都有不同程度的自恋，都希望孩子能按照自己的想法行事，否则就会横加干涉。

然而，只有克服了内心的焦虑，破除了自恋，逐步隐入幕后，父母对孩子才算是付出了真正的爱。养育孩子，从孩子的角度来看，是一个逐渐成长的过程，而从父母的角度来看，则是一个逐步放手的过程。心理学家西尔维娅·瑞姆博士曾说，孩子长大的过程，就是父母逐步让权的过程。真正的爱，就像一个"V"字，"V"字的底部代表孩子刚出生时，那时候父母不能放手，孩子也没有丝毫的选择权，但随着慢慢长大，父母一点点放手，孩子的选择权逐渐变大，到了"V"字的顶部，则代表孩子成年，拥有了完全的选择权。

爱的"V"字

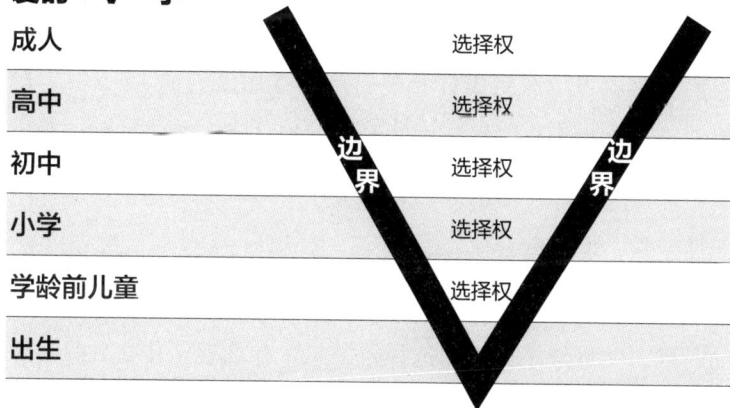

针对孩子不同的阶段，父母给予的选择权也不一样。婴儿期的孩子几乎没有选择权。幼儿期的孩子大脑有了发育，父母就要在某些特定的方面给孩子一些选择权。

琳琳在很小的时候，父母就给了她选择的权利。在给琳琳洗澡的时候，妈妈会说："你是想在澡盆里多玩一会儿，还是现在就出来？"琳琳开心地说："我想多玩一会儿水。"

在餐桌上，爸爸问琳琳："你饱了吗？还要不要多来一点蔬菜？你要吃豌豆还是西蓝花？"琳琳说："西蓝花。"到了 10 岁，琳琳就可以决定怎样花掉自己的零用钱；而 17 岁时，琳琳几乎可以决定自己生活中的各个方面。随着时间推移，琳琳有了更多对自己生活的控制权，自律能力逐渐变强。而随着自律性变强，琳琳离家独立生活时，爸爸妈妈才会那么放心。

不幸的是，很多父母的做法是倒"V"字形的。在孩子小的时候，父母给了太多的选择权，想干什么就干什么，想要什么就能得到什么，这些孩子很快就成了"暴君"，用闷闷不乐和大发脾气绑架父母。随着孩子逐渐长大，身体强壮，到处惹是生非，父母焦虑不安，只能压缩他们的选择权。而对于自恋的父母来说，伴随孩子的成长，独立意志越来越强，父母感觉自己的威信受到挑战，于是本能地控制孩子，不让其有自由成长的空间。在严格的控制下，这些孩子感到压抑、愤怒，不停地抱怨父母："你们总是把我当成小孩！"

倒写的"V"

成人		
高中		选择权
初中	边界	选择权 边界
小学		选择权
学龄前儿童		选择权
出生		选择权

当父母真正理解了"让孩子走向前台，父母隐入幕后"这个原则之后，就可以将倒写的"V"字正过来。

我们说，陪孩子一起成长，绝不是一句空话，如果牢记这个原则，在与孩子相处的过程中，父母就能不断克服内心的焦虑，打破自恋。父母的心智成熟了，孩子才能成长，而孩子的每一步成长，又对父母提出了新的挑战，从上幼儿园到中学，从大学到离开家独立生活……父母不断突破自己的心理底线，一点点隐入幕后，孩子则慢慢向前，成为人生舞台上的主角。

如果父母已经这样做，或正准备这样做，那么这样的父母无疑是令人敬佩的，因为他们对孩子付出了真正的爱。

父母不操心，孩子就会上心

清晨，小鸟在窗外叽叽喳喳叫个不停，王成的妈妈又开始叫儿子起床了。妈妈不停地叫道："儿子，该起床了，要上学了。"现在，王成已经12岁了，但是妈妈还是依然天天如此。

结果，王成形成了依赖的习惯，不仅在起床问题上依靠妈妈，很多问题也都让妈妈代劳。妈妈实在太累了，不仅身体累还心累，就想要找改变的方法。

后来，王成的妈妈经人介绍学习了"自主性成长法则"，她意识到自己操心过度的做法已经对孩子造成不良影响，于是决定不再当儿子的闹钟。

一天晚上临睡前，妈妈对王成说："从今以后，我不想再在起床这件事情上操心了，每天早上你自己起床，如果起床晚了，上学迟到，你自己负责。"说完，她把新买的一只闹钟交给儿子。

第二天，王成还是起床晚了，他非常生气，埋怨妈妈不管自己。妈妈则柔声说道："儿子，我已经提前告诉过你我的决定了，而且，你也有了自己的闹钟，妈妈不再是你的闹钟了。"

没过多久，王成就适应了自己起床。而随着他在起床这件事上实现了自律，很多事情他都渐渐不再依赖妈妈。

　　事情往往就是这样：如果父母在一些事情上不操心，孩子就会对这些事情上心。把孩子的问题直接放在他们面前，孩子就必须依靠自己去解决。他们知道，除了自己，谁也不会帮他解决。他们的老师不会、父母不会，其他人也不会，而且更重要的是，在潜意识中，他们也觉得，自己解决问题的感觉很棒。

　　另外，在养育孩子的时候，父母出于爱，会拼尽全力为孩子遮挡一切风雨，让孩子活在晴天里，然而这其实是过犹不及，如果一点风雨也不让孩子经历，那么随着孩子逐渐长大，他们会变得十分幼稚、脆弱，不了解生活真实的样子，难以分辨是非，很容易上当受骗。父母隐入幕后，还有一个好处，就是可以把生活的真实样子慢慢推到孩子面前，让孩子经风雨、见世面，这既能锻炼孩子的能力，也能极大地促进孩子心理健康和心智的成熟。

孩子有 20% 的把握，父母就不要介入

　　当然，父母隐入幕后，并不是说对于孩子的事情一概置之不理，有些时候，父母也需要介入。以下就是必须介入的情况。

　　·当确定孩子身处致命或致残的危险之中，或某个决定会影响孩子一生时，父母应该介入其中。

　　·当孩子知道仅靠自己解决不了这个问题时，父母应当介入其中。也许更重要的是，孩子知道你知道他应付不了，所

以，当你介入并帮助孩子走出困境时，本质上是在告诉他：你目前还无法应对这种情况。这并不会影响孩子的自主性成长，因为每个人都有仅靠自己无法完成的事情，何况孩子。

·当孩子陷入悲伤、痛苦、恐惧和羞愧之中无法自拔时，父母需要介入，及时给予情感引导（关于这个问题，我们将在后面第六章详细介绍）。

例如，孩子在幼儿园被老师威胁时，或者孩子在学校受到老师的猥亵时，父母就必须介入，因为这是孩子根本无法解决的问题。当然，绝大多数家长不会遇到这种极端的情况，很多时候，父母都需要放手让孩子自己去解决问题。

比如，娜娜在班里遇到了一些麻烦，她跟同桌吵架了，因为同桌借她的橡皮擦没有归还。于是某天，娜娜的父母找到了那位和娜娜吵架的同桌谈了谈，要求她归还娜娜的橡皮擦。这样一来，娜娜就被剥夺了自己解决这一问题的机会，而且会认为自己目前还没有能力处理好与同学的关系。虽然，同桌归还了娜娜的橡皮擦，但以后娜娜有什么问题，便会习惯性地让父母出面解决，而不是自己想办法解决。

不过，要分清哪些是父母需要介入解决的问题，哪些是孩子自己可以解决的问题，并没有那么容易。两者之间的界限，常常因为内心的焦虑、不安全感、自恋，以及内疚感而模糊不清。当父母因为内心的焦虑而介入到孩子的问题中时，更多的是在抚慰自己，而不是满足孩子的需求。大多数孩子希望父母能去了解他们的感受，而不是替他们解决问题。

尽管该不该介入孩子的问题，常令父母犯难，不过有一个参考标准却可以提供借鉴，那就是：如果孩子自己解决这个问题的可能性超过 20%，就可以不去干涉，把这个从经验中学习和成长的机会留给孩子。

再重复一次：任何问题的最佳解决方案，都在问题所有者自己身上。

第四章

让孩子自己选择，父母提供选项

在龙龙满周岁的那一天，父母把全家人都召集起来，将龙龙团团围住，并在他面前摆放了一圈物品：笔、钱、书、玩具枪、印章和鼠标等。龙龙好奇地打量着这些东西，喉咙里发出兴奋的声音，似乎在琢磨着应该去拿哪一个。

"拿一个吧！""快拿呀！"父母鼓励起来。

龙龙小心翼翼地爬到玩具枪的面前，拿了起来。父母高兴地说："哈，龙龙太棒了，长大要当警察，拿枪去打坏蛋。"

这就是我们熟悉的"抓周"。父母们会将抓周作为一种预示，认为这或许能预告孩子未来的走向。抛开其迷信的成分，抓周其实非常符合一岁孩子的心理特征，因为孩子从9个月开始，就有了自我意识，到了一岁时，完全可以自己做出一些简单的选择了。当然，孩子并不知道每种物品背后蕴含的寓意，但是他们对于物品本身，已经有了喜好方面的判断。

虽然抓周是中国人的习俗，但是从孩子的成长来说，抓周也意味着亲子关系的转变。从一岁左右，父母就应该逐步放手，把一些做选择的权利交给孩子。所以，抓周从内容到形式，都暗合了"自主性成长"的第二个原则：让孩子自己选择，父母提供选项。

"自主性成长"并不意味着孩子想怎么样就怎么样，放纵孩子胡作非为，或当孩子遇到危险时撒手不管。但作为父母，肯定遇到过这样的两难选择：把孩子管严了，很容易造成压抑，让其失去活力，或许你身边就有这样的父母，管来管去，把孩子管得胆小怕事；反之，如果父母管松了，孩子没礼貌，不懂规矩，到处惹是生非。如何才能做到管得恰如其分？这几乎是所有父母都会面临的难题。

"自主性成长"的第二条原则，则提供了绝佳的解决方案。就像抓周，所有选项由父母提供，在这个过程中，父母会给孩子设立安全边界。相信在抓周时，没有父母会把一把锋利的匕首放在孩子面前。同样，父母在给孩子提供选项的时候，其实就是在约束孩子，避免其陷入危险，将"管"巧妙地融入其中。与此同时，在孩子选择抓什么的时候，父母不管、不插手，让孩子自己选择，这又给了孩子充分的自主感和掌控感。

这条原则非常高级，也非常实用，能够让父母与孩子之间，主动中有被动，被动中有主动，管中有不管，不管中有管，相辅相成，恰到好处。可以说，只要掌握了这条原则，也就掌握了管与不管的度，你会因此感到养育孩子不再麻烦，轻松而愉快，孩子主动、积极、阳光，而你与孩子的关系也会变得更加亲密、和谐、温馨和幸福。

在这条原则中，父母提供选项，其实就是在给孩子设立边界。我们知道，在养育孩子的过程中，设立边界不可或缺，不过，很多父母设立的边界形同虚设，孩子根本就不遵守。

为什么会这样呢？一个重要的原因，是没有掌握设立边界的要领。

在家里，健健的妈妈曾经在一小时内，给3岁儿子设立了60条不同的边界。

"不许乱跑，健健。"

"不许玩水，健健。"

"不许乱丢垃圾，健健。"

"别去那边，健健。"

"你最好听话，健健！要不然警察叔叔就会来抓你。"

"别吃生冷的东西，健健！"

"过来，不要受伤了，健健！"

…………

健健依然我行我素，一点也不理会妈妈一连串的命令，尽管妈妈设立的边界很多，但没有哪一条能够管用，这些边界没有丝毫的约束力。

或许，很多妈妈都像健健的妈妈一样，每天都在给孩子设立边界，大吼大叫，孩子根本不听，父母自己感觉很崩溃。

如何设定边界，孩子才会遵守

首先，要弄清楚边界的作用。

边界，是一个安全的界限，能够给予孩子安全感。

想象一下，你突然掉落在一个空间，周围一片漆黑，什么都看不见。你不知道自己是否身处悬崖的顶端，还是在密林之中，或者是一栋房子里，你唯一能摸到的，就是身下的一张椅子。你鼓起勇气，开始向周围摸索，然后，你摸到了四面坚硬的墙壁，这时的你，很可能会长嘘一口气，心中感到些许安慰——虽然你依然不确定自己在哪儿，但边界的存在，让你知道自己正待在一个房间里，起码不会从悬崖上坠落下去，你可以安心探索房间里其余的部分了。可见，在一个不确定的环境中，边界的存在，能让我们感到安全。

对于孩子来说，情况也是如此。孩子需要有一个清晰的边界，知道什么行为是允许的，什么行为是不允许的。如果父母不帮助孩子设立边界，孩子就容易按照自己的冲动和欲望行事，导致危险。而当孩子知道有一个清晰的界限可以保证他们的安全，就会放心、踏实多了。

成长的过程中存在着太多的不确定，孩子需要去探索、去尝试，同时也需要边界来让自己感到安全。从孩子的婴儿时代起，父母就在为孩子设立着边界，如婴儿床边的围栏、楼梯口的护挡，都是在用边界的方式约束着孩子的行为，也保护着孩子的安全，让孩子们得以在一个安全的范围内自由活动并获得成长。

设立边界的第一个要领就是：我们设立的边界越是清晰，孩子就越能感到安全。

在上面的例子中，健健之所以不遵守妈妈设定的边界，一个原因是，很多边界没有必要，毕竟家里是一个相对安全的环境，设立的边界太多等于没设；另一个原因是，妈妈设定的边界不够清晰，例如："不许乱跑！"什么叫"乱跑"？3岁的孩子根本就不清楚。

当我们对孩子说出："你可以在卧室里玩儿，也可以在客厅里玩儿，但不可以跑到外面，尤其是马路上。"这些话就给孩子划出了清晰的边界，让孩子知道有些事情是不可以做的，而在边界范围内，他们拥有着充分的自由。孩子喜欢有这种明明白白的感觉。

如果父母设定的边界模糊不清，孩子无所适从，则会感到不安。假设你这样告诉孩子："你可以在卧室里玩儿，也可以在客厅里玩儿，但是有些地方你不能去。"孩子只会一头雾水，对于父母所说的"有些地方"满腹狐疑。同样，如果父母今天设立了一个边界，明天却在同一件事情上设立了另一个边界，或者父母双方对于边界的要求不统一，那么孩子也就不会把父母的话当一回事。

孩子热爱自由，但同样热爱秩序。给孩子设定必要的界限，既可以对孩子的行为进行约束，又可以给孩子带来秩序感。孩子有了秩序感，就能发展出人生的关键技能，比如规划力、协调力和专注力。美国传奇大法官鲁斯·巴德·金斯伯格曾说："自由只存在于束缚之中，没有堤岸，哪来江河？"但对于孩子来说，他们必须知道堤岸在哪里。

父母为孩子设立边界，实际上也是为父母自己设立边界。例如，我们让孩子自己画画，就不要越界去抢夺孩子的画笔；父母让孩子抓周，就不要越界替孩子选择东西，再交给孩子；让孩子决定午餐吃什么，就不要在孩子说完后觉得不符合自己的期待，于是变得不高兴，甚至发火。在边界范围内的事情，父母要忍住不插手。

设立边界的第二个要领：边界一旦设立，我们就要严格执行，贯彻到底，没有任何改变的余地。

健健之所以不遵守妈妈设立的界限，还有更重要的一个原因，就是妈妈的边界没有任何威权，可以随便越界，而且越界了，妈妈也不会拿他怎么样。父母必须坚决捍卫自己设立的边界。无论孩子如何软磨硬泡，父母都不要因为孩子的哀求而心软、放弃，但也不要生气，用命令、吼叫和威胁来吓退孩子。父母的态度要坚定，但语气要柔和，就像美国心理学家海因茨·科胡特所说的"不含敌意的坚决"。具体来说，你可以用一些简单的套话来回应。诸如："我太爱你了，不想跟你吵""我知道""你可以这样想"等。

刘宇的父亲出于爱孩子的考虑，规定刘宇到13岁之后，才可以拥有手机。可是，班里很多孩子都有智能手机。于是，刘宇开始与父亲争吵、纠缠，刘宇的父亲是这样来捍卫边界的——

刘宇：爸爸，这不公平。

父亲：我知道。

刘宇：但是我每个朋友都有手机了！

父亲：我知道，你13岁时，我会给你买。

刘宇：如果你这样做，那你就是不爱我！

父亲：你可以这样想。但你是知道的，不管发生什么，我都爱你。

刘宇：啊！我跟你没什么好讲的！我朋友的爸爸都不像你这样！

父亲：我知道，有我这样一个爸爸，有时会让你很失望。但是你知道吗？我太爱你了，所以我告诉你太早用手机对你没好处，我现在不想跟你争吵，等我们俩情绪都稳定的时候再讨论这件事。

就这样，刘宇的父亲一边认同孩子的感受，一边坚持不懈地捍卫自己设立的边界，直到刘宇13岁时才给他买了一部苹果手机。

设立边界的第三个要领，也是最重要的要领是：把边界融入选项。

在一个大雨滂沱的夜晚，爸爸妈妈站在餐馆外，催促3岁的女儿璐璐上车，这样全家才能回家。

“璐璐快点上车，大雨会淋湿你的衣服的。”爸爸叫道。

“你还在拖拖拉拉做什么，车要开走了。”妈妈拉扯着璐璐。

璐璐噘着小嘴说：“我不开心，不愿回家！”

后来，无论爸爸妈妈如何恳求，璐璐就站在餐馆门口纹丝不动。

最后，爸爸说：“回到家后，爸爸给你去买冰激凌，这回开心了吧，可以回家了吧。”

这时，璐璐才点点头，慢慢爬上小汽车。

当孩子任性时，很多父母没招，只能用吼叫、央求和贿赂来应对。如果父母掌握了给孩子设定边界最重要的要领——把边界融入选项，那么任何时候，都可以轻松解决问题。

其实，针对不想上车回家的璐璐，父母可以这样为她设立边界：“璐璐，现在有两个选项，你自己选，要么自己走上车去，要么爸爸把你抱上车。”

在这里，爸爸为孩子设立的边界是上车，没有丝毫央求和威胁的味道，而是将其融入了选项中。最棒的是，不管孩子选择哪一个，都在设立的边界内，不会越界。而更棒的是，父母把被动的约束，变成了孩子主动的选择，这样孩子就容易接

受。如果孩子两个都不选，父母也有办法，可以替她选，直接把孩子抱上车。

很多时候，父母在给孩子设定边界时，常犯的一个错误是"下死命令"："你必须上车，否则……"这会让孩子有一种被驱使感。没有人愿意被驱使，孩子也一样。经常用"下死命令"的方式约束孩子，很容易导致两个极端：要么把孩子管得死气沉沉，要么引起孩子强烈的反抗。

相反，如果用提供选项的方式约束孩子，可以减少被驱使感，增加孩子的自主感和掌控感。孩子会想："嘿，虽然不能为所欲为，但在这个范围内，却能自己说了算，感觉真好！"

不管什么时候，在什么场合，当孩子需要约束时，都不要简单粗暴，你可以用压缩孩子选择范围的方式来进行。

为什么这个方法管用

为什么用其他方式设定边界，孩子要反抗，而以提供选项的方式设立边界，孩子就愿意遵守呢？

这涉及人性的一个重要特点：喜欢主动，讨厌被动。当人陷入被动时，本能的反应就是反抗。科学研究表明，人有两个大脑：情绪脑、思考脑。当人受到威胁、陷入被动时，为了配合反抗，思考脑缄默，情绪脑高度活跃，并会在瞬间产生出愤怒的情绪，让自己充满激越的力量。为什么思考脑会缄默呢？因为不用思考，才能够反应迅速，争取时间，获得生存的机会。正是因为人类有这样的设计，当我们遇到危险时，第一反应就是战斗。

就好像一个人拿着尖刀攻击我们时，我们肯定要以最快的速度抵抗，而不是站在原地，耐心地问对方："嘿，老兄，你为什么要做这种事呢？"这时如果还坚持三思而后行，那么生存的机会便稍纵即逝。对一个人来说，情绪脑十分重要，但如果情绪脑过于发达，思考脑跟不上，则会导致情绪化行为，经常陷入冲动，无法做到自律。如果把情绪脑比喻为发动机，那么思考脑就是方向盘和刹车。

孩子的特点是，情绪脑强大，而思考脑还处在发育阶段。所以，孩子就像没有方向盘和刹车的汽车一样，控制不住情绪，前一秒还在哭，后一秒又开始笑，而且发脾气时，也没有方向，不管对象，不分时间，不顾及场合。

父母给孩子设定边界本身是一种约束，会让孩子陷入被动，如果再加上严厉的口吻，这会极大刺激孩子的情绪脑，让其爆发出强烈的抵触情绪，极力反抗，打破边界。相反，以提供选项的方式为孩子设立边界，最大的好处在于，能屏蔽孩子的情绪脑，启动思考脑。而当思考脑活跃时，情绪脑就会缄默，这时，孩子会琢磨你提供的选项哪一个更好。事实表明，让一个大人或孩子进行思考最简单的方法，就是让他们选择。

眼看刘琴明天就要进行数学单元测试了，可是她依然恋恋不舍地捧着手机，玩着一些打怪兽的小游戏。刘琴的妈妈希望她能去复习，但是以前的经验告诉妈妈，逼着她马上坐到书桌旁，效果并不会好，她会用神游、打瞌睡等方法耗光整晚时间。这是因为刘琴的情绪脑过热，诱发了很多情绪化行为，跟妈妈对着干，就是不学习。

今晚，刘琴的妈妈变换了一种问法："你是十分钟后就去复习，还是明天早起一个小时再复习？"

刘琴想了一下，然后说："十分钟后就去复习，复习完之后如果还有时间，还可以玩一下手机。"

刘琴的妈妈点点头。

妈妈变换一种问法，就让催促孩子复习功课这件事情变得轻松起来。

刘琴的妈妈看起来只是给出了两个选项，实际上却为刘琴设定了边界——她必须复习，不论是十分钟后复习，还是明天早起复习，但同时也给了刘琴选择的权利。

当然，刘琴可能两个选项都不选，但那也是经过思考后做出的决定，她需要为自己的决定承担后果。而这些后果不用多言，一张试卷就足以让她明白些什么，等下次考试前，这次的教训，会成为最好的提醒。

　　总之，只要开始选择，孩子就会思考；而只要思考，就会促进思考脑的发育，为孩子提供正确的方向，以及良好的刹车系统。而那些管理不好情绪，或患有情绪障碍的成年人，大多数都是因为思考脑存在问题。从另一个角度来看，培养孩子的思考脑，就是培养孩子自律的能力。明白了这一点，在与孩子相处时，父母就要想方设法开启他们的思考脑，避免刺激他们的情绪脑。具体做法，就是多用"思考性语言"，少用或者不用"战斗性语言"。

什么是战斗性语言？什么是思考性语言？

　　"如果你考试不及格，新年礼物就别想了！"

　　"你赶紧去把垃圾倒了！"

　　"你不能吃零食！"

　　上面这些话，光是看到文字，我们就能想象到说话者气势汹汹的语气，以及阴沉生硬的表情。如果说出这些话的是父母，听到这些话的是孩子，不难想到孩子会面临着怎样的压力，会做出怎样的反抗。父母所说出的这些话，就是战斗性语言。

　　所谓战斗性语言，就是用指责、贬低、训斥的话，或大吼大叫的行为，刺激出孩子强烈的战斗精神，让孩子为捍卫自己而尖叫、哭闹、打滚，或者是顶撞父母。战斗性语言刺激的是情绪脑，启动了孩子的"刺激－反应"模式，这种模式一旦启动，不经过大脑思考，自动就会产生愤怒的情绪，进入战斗状态，采取激越的抵触和反抗行为。

用战斗性语言，其实就是父母用情绪脑去撞击孩子的情绪脑，就像火星撞地球，灾难不可避免。

有一天中午，4岁的英英走进厨房，想要吃饼干。可是，还有15分钟就要吃中午饭了，所以妈妈告诉她"你可以等一等，等到吃完中午饭后再吃"。

"不嘛，我现在就要吃饼干！"英英不想等这么久，因为冰箱里的饼干多么美味诱人呀。

"不行，你吃了饼干，就不好好吃午饭了。"妈妈拒绝英英的请求。

英英继续央求妈妈，最后还发了脾气。看着孩子如此不通情达理，妈妈生气了，使用了战斗性语言："这孩子，一点也不听话，真烦人。"

英英被训斥后，原本就活跃的情绪脑被进一步刺激，立即进入战斗状态，哭喊道："我讨厌妈妈！"

这句话一出口，直接击中了妈妈的情绪脑，妈妈的怒火"腾"的一下蹿了上来，冲孩子大吼大叫："你敢讨厌我，你这个小没良心的。"

就这样，英英和妈妈开始唇枪舌剑，打骂起来，原本和谐的家庭变成了昏天黑地的战场。

还需要说明一点，战斗性语言对一些孩子来说，会刺激情绪脑产生愤怒的情绪，极力反抗，而对另一些孩子来说，由于本身就胆小，再加上父母长期的指责和训斥，他们不敢发泄愤怒，情绪脑会持续产生出失望和沮丧的情绪，经常垂头丧气，意志消沉，萌生出"我这个人确实很糟"之类的念头。就像人类在遇到危险时不用思考，会自动进入"或战或逃"状态一样，面对战斗性语言，有些孩子会战斗，变得叛逆；有些则会逃跑，变得自卑。

除了战斗性语言，还有一种思考性语言。它包括两个方面：父母用思考脑经过思考后，冷静地说出理智的话，这些话启动了孩子的思考脑，让孩子进行思考。思考性语言能屏蔽孩子的情绪脑，关闭"刺激－反应"模式，让孩子变得冷静，开始思考。

我们说这个孩子"很懂事"，其实是因为他擅长用思考脑，这很大程度上得益于父母平时使用的思考性语言。

但遗憾的是，很多父母在给孩子设立边界时，所用的并不是思考性语言，而是战斗性语言。他们认为边界要想更清晰、更具约束力，就必须声色俱厉，让孩子害怕父母，只有这样，孩子才能记住这些边界。他们斥责孩子"闭嘴"，或者严厉地警告孩子："如果今天的作业出了错，看我怎么收拾你！"这些语言看似有威力，其实遭遇的抵抗也会更猛烈。

"自主性成长法则"要求父母成为孩子的顾问，一个重要的原因，就是能够避免父母用战斗性语言大声呵斥、恐吓孩子——想想看，你的保险顾问、理财顾问与美容顾问等，他们会不会拍着桌子对你大喊大叫，或者威胁你如果不按他们的意思来，就要注销你的账户？当我们成为孩子的顾问，也就意味着，我们与孩子对话的方式会变得不同以往。我们不会情绪化地告诉孩子去做什么，而是会经过自己的思考，给孩子提供选择，从而引发孩子进行思考，在思考的过程中，孩子慢慢远离冲动，变得理智且自律起来。

有一位著名心理学家曾经说过一段意义深远的话："在刺激与反应之间，有一片空间。在那片空间里，我们有能力选择自己的反应。在选择性反应中，我们获得了成长与自由。"

下面，就让我们看一看"战斗性语言"与"思考性语言"的区别。

孩子做作业拖拖拉拉。

战斗性语言："快去学习！不然一个星期别想看电视！"

思考性语言："做完作业，你就可以跟我们一起看电视了。"

两个孩子在吵架。

战斗性语言："不许吵架，烦死我了！"

思考性语言："你们是想停止吵架，然后咱们去吃饭，还是饿着肚子在这继续吵架？"

孩子不做分内的家务。

战斗性语言："快去把垃圾倒了，否则不许踢球！"

思考性语言："等扔完垃圾，我就带你去踢球。"

以上三种情境，为我们展示了"战斗性语言"三种常见的表现形式：威胁、禁止、命令。我们都曾对孩子使用过威胁，小到没收一袋零食，大到轰出家门、亲情决裂，我们总会用些手段，让孩子知道谁说了算。父母使用威胁，常常基于以下两种心理：第一，威胁让我们觉得自己很有力量；第二，有时威胁确实奏效。

然而，威胁真的能很好地为孩子设立边界吗？

杨雪老师刚开始工作时，为了树立权威，经常会威胁学生，效果时好时坏。有一次快要放学时，她对一名学生说："你不把作业做完，就要留堂了。"这名学生马上乖乖地去写作业，手里的笔几乎要飞起来。

过了一会儿，杨雪老师对另一名学生说了同样的话，但第二名学生却回答说："留不留堂，我无所谓。"威胁对一些孩子会有效，对另一些则没有，而那些被威胁着做作业的学生，也常常做得一团糟。说到底，孩子并不傻，他们并非意识不到自己受到了威胁，即使他们顺从着去做，心里终归还是有怒气或埋怨的，因而故意把任务搞砸，借此把被夺走的控制权夺回来点。

而无论是直接拒绝，还是故意搞砸，孩子们都打破了我们设立的边界。

不要以为只有大孩子才会反抗，即使是幼儿，同样会用自己的方式对抗父母的威胁。假如你两岁的女儿正在号啕大哭，即使她确实是在无理取闹，但如果你对她说："不许哭，再哭我就拿走你最喜欢的布娃娃。"结果，女儿不会停下来，而是会用更高分贝的哭号来回敬你。

说到禁止，"自主性成长法则"要求父母给孩子设立边界，而有时，这就意味着父母必须说"不"，但是不同于战斗性语言所表达的"不"。思考性语言中的"不"，不会毫无技术含量地禁止孩子做什么，而是会先给出选择，用选项设立出一个暗含着"不"的边界。这样一来，孩子不会只盯着"不"字而心生反感，而是会认真思考选项与结果之间的关系，思考自己的哪些行为更有利。他们不会认为自己是被父母强逼着去做或不去做某些事，而会认为是自己权衡利弊后，主动放弃了其他的可能。孩子可能这样想："爸爸妈妈让我选择，说明我对于自己的生活有发言权，我很重要。"

除了威胁和禁止孩子外，父母还喜欢使用不容置疑的命令，去让孩子执行自己的意愿。这样的父母生活中并不少见，他们每天回到家，第一件事绝不是拥抱孩子、和孩子亲热地聊上两句，而是去摸电视机是不是热的，以此判断孩子刚刚是不是偷看过电视。他们命令孩子晚上九点半睡觉，当孩子九点四十还睁着双眼时，他们就会大发雷霆。他们希望孩子膳食平衡，于是吃饭时一刻不停地盯着孩子，连每一口是吃蔬菜还是肉类，都会给孩子做出规定……总之，只要孩子没能像机器人那样绝对服从命令，他们就会觉得自己很失败，不是合格的父母。

说到底，当父母命令孩子时，是希望拥有一种控制力，控制住自己的孩子，让他们做什么就做什么，让他们什么时候做就什么时候做。父母的命令会让孩子感觉自己是在替父母做事，而不是自己做事；是在替父母活着，而不是自己活着。对于父母的命令，在一段时间内，孩子会服从，但最终，他们会甩掉这种全面的控制。孩子或许会告诉自己："妈妈太过分了，也许是该在成绩单上来一个不及格，让她尝尝挫败的滋味了。"于是她得了一个不及格，妈妈真的崩溃了，先是一顿咆哮，然后不停地给女儿灌输"现在不考一个好成绩，将来就没有机会上好大学"的道理。而女儿毫不在乎地想着："天天逼我学习，我下次要拿个更低的分数给你看看。"想通过命令控制孩子，注定会走向败局。

比起威胁、禁止、命令这些战斗性语言，思考性语言会采用提问、建议或选择的形式，让孩子主动思考，而且内容具体，孩子知道该如何操作执行。与喜欢发号施令的父母一样，懂得"自主性成长"的父母也会强调尊敬和服从。但他们与孩子谈话时，采用的却是不同的办法，他们采用的是思考性语言。思考性语言能帮助孩子去做我们想让他们做的事，并且，是源于他们自己考虑后的决定。

比起听从别人的话，孩子们更喜欢自己给自己发出指令，并且从中能学到更多。比起我们的声音，孩子们更愿意相信那些来自于自己头脑的声音。当他们做选择时，他们在思考，自己一旦选定了，同时也就学到了一课。这也是为什么父母从孩子很小的时候，就必须常常给他们提供选择，让他们思考的原因。

以下就是父母引导孩子思考的思考性语言——

"你是想穿着外套，还是拿着它？"
"你是想现在就把靴子穿上，还是一会儿到车上再穿？"
"你是想自己选，还是让妈妈替你选？"

父母千万不要说出让孩子奋力反抗的战斗性语言——

"现在把外套穿上！"
"为什么？因为我说了，快把靴子穿上！外面下雪了。"
"我是你妈，所以你必须听我的！"

即使是为了设定同样的边界，父母采用的语言不同，也会让孩子产生截然不同的反应。孩子会把战斗性语言视为命令，认为其中隐含着威胁，父母是希望借此控制自己。为了把权利夺回来，孩子会奋起反抗，而根本不会思考我们设定的边界是否合理。

孩子的反击：被动攻击与被动抵抗

当孩子被命令着去做一些自己不想做的事，常会采取两种行为对抗父母：被动攻击与被动抵抗。

第一种是被动攻击行为。表面上，孩子在执行父母的命令，实际上却在故意制造麻烦，或者让父母难受或难堪，以此作为还击。

孩子的这些还击非常巧妙、细微，以至于父母经常察觉不到这是孩子有意为之。

有一天晚饭过后，妈妈安排女儿蕾蕾洗碗。可是，在蕾蕾看来，洗碗是一件吃力不讨好的事情。之前，蕾蕾每次洗完碗，妈妈老是说她没把碗洗干净，叫她重洗，所以蕾蕾千方百计地逃脱了这项任务。但这次，妈妈决定更强硬一点。于是她对蕾蕾说："我真是受够了，你现在就去把碗洗了，不然有你好看的！"

蕾蕾并没有顶嘴，而是痛快地回答："好的，我现在就去洗。"她走到厨房的水槽边，开开心心地刷起碗来。妈妈感到很欣慰，一方面觉得女儿很懂事，另一方面，也为自己的威慑力而得意，甚至后悔自己没早用这一招。突然，"哗啦"一声，是瓷器破碎的声音，妈妈扭头一看，发现自己最喜欢的盘子已经成了碎片。

"对不起，妈妈，我太用力了，我只是想刷得干净点。"蕾蕾一脸诚恳地道歉。妈妈心疼地看着粉身碎骨的宝贝盘子，露出尴尬的表情。

妈妈不会想到，蕾蕾其实是故意把盘子扔在地上的，她用这样的被动攻击行为，告诉妈妈一个重要的信息：下次再让我刷盘子之前，请三思，摔坏盘子，我可管不了哟。而妈妈则可能觉得："让孩子刷碗有什么用？弄出这么多麻烦事，我自己干还容易些。"

在遭到父母的威胁时，孩子知道自己必须服从命令，否则就会被惩罚。但是，他们会通过一些行为来释放自己的愤怒，这些行为普遍并不严重，却足够让父母感到难受，就像被蜜蜂狠狠蜇了一下。于是，当父母下次再想下达同样的命令前，就不免会多想一想，是否继续逼迫孩子服从命令。

就这样，孩子的目的达到了。

在被父母威胁时，孩子除了会采取被动攻击，还会采取被动抵抗行为。同样地，他们在抵抗的同时，并不会告诉父母他们在抵抗。抵抗表现在他们的行动中，而不是语言中。在父母告诉孩子去做什么后，孩子会说自己忘记了，或者延迟行动，以此作为对父母的反抗。

静雯是一个小学三年级的女孩子，她老是不喜欢洗头发，每次上完体育课回家，总是满头大汗，头发臭烘烘的。有一次静雯放学回家，父亲忍无忍地对她说："快去把你的头发洗一洗。"

"知道了！"静雯回答了，却没有行动，而是埋头玩手机。

父亲对静雯大喊："你快点去洗头发，要不然我就要没收你的手机。"

"哎，就来了！"静雯回答道，但行动却拖拖拉拉，她故意转来转去找衣服、找毛巾、找沐浴露，浪费了很多时间，最后洗头发时，只是象征性地淋一下，有些头发都还没有湿透，就算洗完了。

　　静雯是在抗争，试图通过拖延来夺回一些控制权。她在心中暗想："我会去洗头发的，但是不会按照你的方式，我要用我自己的方式。"

　　孩子拖延症的形成固然有很多原因，但孩子以拖延症被动抵抗父母，是其中最重要的一个原因。

　　总之，父母用战斗性语言会引起孩子激烈的反抗，让亲子关系变得紧张。当我们使用战斗性语言时，相当于在沙子上画了一条线，以为孩子会产生敬畏，结果一阵风就能让这边界无影无踪。而用思考性语言，通过给孩子提供选项设立边界，这些边界则会被孩子记在心中。不过，如何给孩子提供选项，则需要一些技巧。

第五章

给孩子提供选项的九个技巧

想让孩子获得自主性成长，"为孩子提供选项"便是父母的必修课。然而，提供选项是有技巧的。在这一章，我们总结了一些技巧，为广大父母提供参考。

技巧一：让孩子在选择中思考

星期天的晚上，鹏鹏忘情地看着电视，而没有做作业，估计明天上学是交不了作业了。

妈妈看不下去了，就大声叫道："鹏鹏，都什么时候了，不把作业做完，就不许看电视！"

鹏鹏感受到了妈妈的威胁，继而用各种方式表达自己的不满，当天晚上做作业的时候，鹏鹏不是把作业本划烂，就是把笔弄断……

如果鹏鹏的妈妈换另外一种说法，"鹏鹏你先把作业写完，就可以继续看电视了"，也许情况就不一样了。

虽然同样是让孩子在看电视前完成作业，但是给人的感觉大相径庭。后一种表述，没有刺激孩子的情绪脑，而是开启了思考脑，让孩子在选择中思考，在思考中选择，而不是对抗父母。

如果鹏鹏提出疑问："为什么我不能先看电视再写作业？"妈妈可以如此回答孩子："你看，爸爸妈妈都是要先工作，后领到薪水，然后才能有钱去享受。世界上的事情都是如此，必须先付出些辛苦，才能享受。而那些'先享受后付费'的人，往往沉溺于享受，控制不住自己，很容易导致破产。这是所有人都必须知道的事情，现在，你先做作业，再看电视，也是训练控制自己的机会，相信你一定能做得到。"

鹏鹏的妈妈让孩子在选择中思考，最终说服了鹏鹏去做作业。

无论是想让孩子推迟满足感，还是承担责任，父母都不要使用战斗性语言。父母要尽力让孩子产生思考，而不是给孩子下战书，号召孩子起来战斗。在很多情况下，父母向孩子下战书，结果父母根本赢不了。在不与孩子"战斗"的情况下，我们可以更有效地给孩子设立边界。事实证明：选择会让孩子思考，而正在思考的孩子，不会在思考的同时发起反抗。

给孩子选项，并非一定要让孩子放弃什么。很多时候，父母只是让孩子明白：只需要调整顺序，同样能兼顾享受。以做作业和看电视为例，做作业令孩子烦恼，看电视则很享受。但孩子只要合理地安排烦恼与享受的先后顺序，即先承受做作业的烦恼，然后再享受看电视的愉悦，把满足感推迟到后面，就能将两件事全都做好。用通俗的说法，这就是先苦后甜。这种安排不仅合理，也很聪明。学会了这一点，并养成习惯之后，孩子就能控制住及时行乐的冲动，这是他们走向自律最关键的一步。

当父母给孩子的是建议而非命令时，孩子会更容易静下心思考话中的道理，而不是急着抗议。

以下这些话，都可以让孩子在思考中将两者很好地兼顾。

"先把作业做完，你就可以看电视了。"

"你洗完澡后，我很乐意给你读一个故事。"

"把客厅收拾干净，你就可以出去玩儿了。"

技巧二：选择那些能控制的领域

在孩子的生活中，有很多我们控制不了的领域，那我们最好就不要试图去控制。例如，虽然我们可以强迫孩子把蔬菜咽下去，却无法控制他们的喉咙，如果他不想吃，会再把它们呕吐出来，这时，我们就输了。我们命令孩子在小马桶上排便，但他们却可能在我们不知道的情况下，已经偷偷在家里的某个角落，小脸儿通红地完成了这项工作，这时，我们就输了。

约束孩子，关键在于把火力集中在那些我们能赢的领域，并且，还必须在这些领域中给孩子提供选择。

也许我们不能强迫孩子好好吃饭，但能保证让他尝到饥饿的滋味；也许我们不能强迫孩子做家务，但是可以保证他干完活后才有饭吃；也许我们控制不了孩子发脾气，但可以确保让他不在我们面前发，我们可以把他晾在一边，直到能好好跟我们说话为止。如果我们能控制住我们能够控制住的事情，我们就不会输。

周末，4 岁的涛涛和父母出去郊游，天色渐晚的时候，他们选择在一家餐厅吃饭。

爸爸妈妈一边吸着杯子里最后的饮料，一边收拾东西，准备赶紧回家，因为还有很多事情要办。可是涛涛却一个劲儿用吸管往饮料杯子里吹泡泡，炒饭只吃了一丁点。

涛涛的爸爸学过自主性成长法则，于是他给涛涛两个选择："我们还有五分钟时间离开，你有两个选择，一是把炒饭吃完，饱饱地离开；另一个是你没有吃，饿着肚子离开。"

五分钟到了，涛涛还在往饮料杯里吹泡泡，没有吃掉炒饭，爸爸妈妈没有犹豫，坚定地带着涛涛走出餐厅，上车离开。晚上睡觉的时候，涛涛躺在床上翻来覆去睡不着，因为自己实在太饿了，但是能怪谁呢，只能怪自己在吃饭时没有吃，而是玩泡泡，心想："下次，一定要好好吃饭。"

一些父母遇到孩子不吃饭时，会让孩子张开嘴巴，强行把饭喂进去，但嘴巴是孩子的，喉咙是孩子的，肠胃是孩子的，这些都是父母无法控制的，最后父母多半会因挫败而吼叫。事实上，父母不需要控制孩子是否会将饭吃下去，其实也控制不了，但是，父母却可以控制发动汽车离开的时间，以及让孩子品尝到饥饿的滋味。在孩子尝到饥饿的滋味之后，父母要忍住，不要心软给孩子零食吃，饿一饿没关系，也不要说一些挖苦和指责的话，比如："活该，我告诉过你，你就是不听，现在知道挨饿的滋味了吧""你当然会饿了，谁让你吃饭时不好好吃"。这些高高在上的话会引起孩子的反感、羞愧和怨恨，不利于孩子从经历中学习。如果父母用充满同情的语言，对孩子说："我也有过挨饿的滋味，真不好受，妈妈明天早上会做一顿丰盛的早餐。"无疑，比起挖苦和指责，孩子从父母这样的反应中会学到更多。

在这里，又出现了一个悖论：试图全面控制孩子，很容易失控，而如果父母放弃一部分控制权，却能轻松有效地管住孩子。

技巧三：用积极的方式说"是"，也用积极的方式说"不"

有一天晚上，飞飞和妈妈去超市买东西。在坐电梯下楼去的时候，飞飞自告奋勇地说："妈妈，我来按电梯按钮。"妈妈点点头说："可以，你按1楼吧，让电梯送我们下楼去。"

飞飞妈妈这是在以积极的方式说"是"。

飞飞见到货架上红红的大苹果，就想放到嘴里咬一口。妈妈妈马上制止他说："这个苹果确实很诱人，等妈妈买了单，给你削掉皮，你就可以吃了。"

飞飞妈妈在说"不"的时候，也是以一种积极的方式，这样有利于孩子接受。

在现实生活中，当孩子们听到"不"的时候，有一半时间会不理不睬，产生抵触情绪。

我们的原则是，每当我们想要说"不"的时候，我们可以用"是"或者其他词语来代替"不"，从而避免争斗。让我们来比较一下下面的句子。

A：不行，在做完作业之前，你不能出去玩儿。

B：好的，只要你把作业做完，你就可以出去玩儿。

A：不行，做不完家务，不许看电视。

B：好的，只要你把家务做完了，马上就可以看电视。

可见，我们能够在不命令孩子去做什么的情况下，为孩子的行为设立界限。

还有一点，我们必须承认：当我们向别人提出要求时，如果得到"是"的答案，我们的心里也会很高兴，并对对方产生正面的感觉。如果我们心理健康，并不以控制他人为乐，说"是"比说"不"要快乐得多。当我们觉得孩子的要求不符合情理时，父母可以用积极的方式说"不"。

技巧四：设定出父母能够执行的选项

有一天，5岁的娟娟和妈妈去逛步行街。娟娟才走一段路，就闹着要妈妈抱。妈妈说："我抱不了你，因为我手里拎了这么多购物袋。"

"妈妈不爱我了，你不抱我，我就不走了。"5岁的娟娟躺在地上打滚。

步行街里人来人往，发现有小孩躺在地上打滚，马上围成一圈，议论纷纷。娟娟的妈妈脸面全无，她生气地对娟娟说："如果你再闹，我就走了，你自己回家好了。"娟娟不理睬，继续在地上哭闹，妈妈故意大踏步地往前走。

娟娟妈妈这样做，无非是希望孩子赶紧追上自己的脚步，省得别人说三道四。然而，妈妈走了一会儿，心虚了，因为娟娟还躺在原地，继续哭号。孩子或许是吓呆了，或许是没听清妈妈的话，但这时候，妈妈就会感到为难，犹豫是该继续往前再走几步，还是掉回头去找孩子。经过痛苦的思想斗争，妈妈还是转身回去，把娟娟抱起，冲破人群，飞一般逃离步行街。

切记：父母给孩子提供的选择，必须是能够执行的。故事中妈妈给娟娟提供的选择，是妈妈所不能执行的，因为妈妈担心孩子，根本不可能自己回家。

在快餐店里，我们总会听到父母在对孩子讲："快点吃，要不然我就把你扔在这儿，自己走了！"这种话一听就是气话，根本不可能执行。旁观者一看就明白，真正控制局面的不是父母，而是孩子。因为孩子是会对这种话置之不理的，他依然把饭菜当成玩具一样玩耍，而不是抓紧时间把它们吃下去。

我们在为孩子提供选项时，要确保自己能够执行。比如，当孩子哭闹不走时，我们可以问他："你是想自己跟着我走，还是让我抱你离开这里？"这样，无论孩子是明确地做出选择，还是依然哭着站在原地，我们都能带他离开。

技巧五：柔和地表达，也能很有权威

"自主性成长"不会纵容孩子。尽管父母很尊重孩子，很少对孩子发号施令，但同时，也希望自己的愿望和要求能够得到尊重。

父母作为有权威的一方，也可以通过柔和地表达自己的想法，来让自己立于不败之地。

发号施令：去倒垃圾，现在就去。

柔和表达：如果你能在睡觉之前把垃圾倒了，我将十分感激。

发号施令：现在立即到这边来。

柔和表达：不介意的话，到这边来好吗？

发号施令：快去帮帮你妹妹。现在就去，我是说真的。

柔和表达：你现在愿意去帮帮你妹妹吗？

有些父母可能会认为，柔和表达完全没有体现出父母的权威。有些父母甚至会说："这是多么懦弱的说话方式啊。如果这样跟孩子说话，父母还有什么权威？"

其实，父母柔和地表达，也能很有权威。

周末的深夜，妈妈去洗手间时，居然发现儿子孙伟还坐在客厅的沙发上看电视。

妈妈小声地说："现在很晚了，你能回自己房间去睡觉吗？谢谢。"

儿子："不！我不去，现在的电视节目更精彩。"

妈妈说："我是不是在好好跟你说话？"

儿子："是的，那又怎么样？反正我不回去。"

妈妈叹了一口气："儿子，你好好想一想吧，这样做可不聪明。"

妈妈回去睡觉了，让她的儿子认为自己赢得了这场战斗。这位妈妈十分冷静、明智，因为在"自主性成长"中，很多事情不需要立刻就给出结果。

到了第二天，当孙伟请求妈妈带他去游乐园时，却尝到了昨天不合作的苦果。

儿子："妈妈，你能带我去游乐园吗？"

妈妈："我不知道。你是在好好跟我说话吗？"

儿子："我当然是跟你好好说话。你同意带我去吗？"

妈妈笑着说："昨天我从你那儿学到一件事儿，好好说话没有用。想想昨天我是不是好言好语地让你回屋去睡觉？你是怎么对我的？你教给我的是，用友好的方式请求并不会收到预想的结果。"

孙伟一下子就被震住了，并且感到很沮丧，有种自作自受的感觉，但同时他也明白了，当对方好好与自己交流时，自己也该好好交流，而不是任性使气。孙伟的妈妈用柔和而坚定的表达方式，既给孩子设定了边界，也树立起自己的权威。

技巧六：心口如一，言出必行

周日的下午，10 岁的儿子王岩想要去同学家玩，这时爸爸在家里修剪花木。

儿子："爸爸，我要跟同学出去玩一会儿。"

爸爸："等一下，我记得你答应过把房间打扫干净，而且在这之前不会做其他事。"

儿子："爸爸，我知道，但是我现在没时间。我跟同学约好了 10 分钟后见面。"

爸爸："无论如何，你只要把房间打扫干净了，你想去哪儿就去哪儿。"

儿子："爸爸，别这样。我答应了同学们马上过去的。"

爸爸："我知道你说的是真的，把房间打扫完，然后你就可以去了。"

儿子："我回来之后会干的。我有的同学就是出去玩了之后回来才做家务的。"

爸爸："我知道你说的是实情，但是，只要把房间打扫干净，你就可以去玩儿了。"

儿子："那我在10分钟内把房间打扫干净！"

爸爸："随你安排了。"

当天，儿子花了30分钟把房间打扫干净才出门。

故事中，王岩的爸爸不犹豫，不妥协，一遍又一遍地重复着给孩子的选择。大部分孩子像王岩一样，在尝试了三四次之后，都会败下阵来，知道自己必须履行承诺。

如果我们心慈手软了，那就破坏了边界的意义，而且也等于告诉孩子：不用在意父母设定的那些边界，它们根本就不堪一击。

父母要善于给孩子设立一些可执行的选择边界，一旦孩子们知道了边界的存在，就会想要对其进行测试，确定这个边界是否足够牢固，而父母要做的，就是心口如一，言出必行。

孩子有着各自不同的测试方式。一些孩子会利用父母的愧疚感，一些孩子会暗中观察，还有一些孩子会假装健忘，但他们最终都是为了测试父母的决心。

永远不要指望孩子说出："谢谢爸爸妈妈，现在我知道你们说到做到，你们这样爱我，给我设定了边界，我很感激你们。"相反，他们会闷闷不乐、抱怨、踩脚、冲回房间、哭诉或者顶嘴。孩子还会试图让我们感到内疚，如果我们告诉他们在吃饭前要把作业做完，他们会说："真难以想象，这里居然有不让孩子吃饭的父母。"

刚开始采用"自主性成长法则"时，孩子的问题是不会很快消失的，实际上，问题反而会增加，因为孩子面对他们不习惯的新方法时，会更加焦急地想要探知边界。他们会想："爸爸说只要把作业做完，我就可以吃饭了，是真的吗？我要是不写完，他会把我怎么样？"

对于我们给出的选项，很少有孩子能愉快地从中选一个，然后安心地接受结果。有时候，他们会对父母发起报复，把难题扔回给我们。孩子们最喜欢的一招是"脑力消耗"。在采用"脑力消耗"策略时，他们试图让我们去思考，从而消耗我们的脑力，让我们对他们产生内疚和犹豫。孩子们会说"这不公平""你不爱我""你是我亲妈吗"等等。每次他们这样做，都是在试探我们，希望我们的态度有所松动。

为了保证孩子从一件事中学到一些经验，父母必须记住：不要和孩子讲过多的道理。父母和孩子讲道理的唯一时间，是在双方心情都不错的时候。

自律的孩子有大格局：让孩子自主性成长的46个细节

技巧七：有些情况下，父母可以替孩子选

很多时候，当父母给孩子提供两个选项后，孩子都不选择，这时父母就可以挺身而出，替孩子选择，以便让事情得到解决。例如，3岁的小女孩牵牵贪玩不想回家，妈妈给她提供了两个选择："自己跟着妈妈回家，还是让妈妈抱你回家。"牵牵迟迟不动，妈妈就可以说："看来，你是让我抱你回家了。"于是妈妈抱起牵牵回了家。

表面上，我们给孩子提供了两个选择，但其实孩子知道还有一个隐含的第三选项：如果自己不选择，那么父母将为他选择。

此外，还有一种情况，也需要父母替孩子做选择，那就是当孩子处在危险之中时。比如孩子在马路中间哭闹时，我们此刻要做的就不是给他们提供选项，而是赶紧抱起他们离开那里，因为安全第一。

技巧八：注意语气，别让表达变了味

6岁的周勇因为妈妈临时出差，每天晚上由爸爸带着他去外面吃饭。

第一天，父亲回家后，心情很不错，把一只手轻轻搭在儿子周勇的肩膀上，目光温暖、语气平和、音量适当地说："等你

把作业写完了，我们就去吃饭！"

　　周勇开心地说："知道了，谢谢爸爸。"周勇瞬间感觉到父爱的温暖，直接进入思考阶段，盘算着自己要用多长时间写完作业。

　　第二天，父亲回家后，心情很糟糕，他叉着腰、昂着头、目光锐利、语气生硬、抬高音量对儿子周勇说："等你把作业写完了，我们就去吃饭！"

　　周勇一听，感觉父亲与昨天判若两人，那冷冰冰的语气令他很不舒服，甚至有些反感。周勇也冷冰冰地回答说："我不饿，我不想出去吃饭。"

　　同样一句话，周勇的父亲因为语气和神态的不同，起到的效果也不一样。

　　父母在说话时的神态、语气，甚至肢体语言，也会影响表达的效果，让孩子接收到截然不同的信息。

　　如果孩子不好好吃饭，半夜感到饿了，我们可以对孩子说："不吃饭，肚子确实会饿，下次要记住好好吃饭。"如果我们的语气充满同情，孩子会觉得，我们能理解他的痛苦，是和他站在一起的。

　　如果我们在说出这些话时用奚落或者冷冰冰的口气，孩子就会觉得我们在笑话他，或者是在指责他。他会无比愤怒，认为父母根本不爱自己，进而认为自己所遭遇的一切都是父母的错。

　　除了语气、神态和肢体语言外，如果我们措辞不当，也会让原本的意思变了味。比如，当我们想让孩子打扫房间时，如果我们说出"你要么把自己的房间打扫干净，要么放弃看电视的权利"，孩子会直接将其视为威胁。

所以，父母不要对孩子说出含有"选某一项，要不……"这样的话，这并不是在给孩子提供选项，而是威胁。我们必须提供真实的选项，而不是威胁。

下面这些句式，是我们可以参考的模板：

"如果你_____或_____，我们会很欢迎。"

"如果你_____或_____，你就可以随便去_____。"

"你愿意_____还是_____？"

"你觉得哪个最好，_____还是_____？"

技巧九：给孩子适当的挫败感

11岁的李红霞，是班上的学霸，不仅人长得漂亮，学习成绩也很好，还报了围棋兴趣班，棋艺提高很快，全班无敌手。李红霞开始变得骄傲自满起来，因为她的生活里似乎只有两件事：一件事是正在享受成功，另一件事是正在通往成功的路上。

李红霞的爸爸学了"自主性成长法则"之后，决定给李红霞适当的挫败感，因为人生不如意事十之八九，她的人生太顺利了，会让她抗挫折的能力变得越来越差。

一次，在父亲的特意安排下，李红霞在一场围棋比赛中，遇到了一个同龄"高手"。不到一刻钟，"高手"就把李红霞的棋子给活活围死了。

李红霞哭着回家，很是沮丧，这之后就慢慢变得谦虚谨慎起来。

吃一堑长一智，许多情感都可以改变人的行为，而到目前为止，改变人们行为最有效的情感，就是挫败感。挫败感比爱更能唤起行动。事实上，仅就号召力来说，爱起效很慢，并且常常是无效的。也正因此，虽然我们爱孩子，孩子也爱我们，但是只靠着爱，孩子并不会有足够的劲头去克服自己身上存在的问题。适当的挫败是必需的，可以让孩子进行思考，并由此改变导致挫败的行为。

第六章

让孩子承担结果，父母情感引导

夜幕降临，爸爸王致远看了看窗外的一轮月亮，不禁叹了一口气："今晚，又是一个折腾的晚上。"

最近，王致远一直为两个孩子的睡眠问题而发愁。他发现，让两个年幼的孩子准时上床睡觉简直比登天还难。以前，他曾经和颜悦色地劝孩子："赶紧去睡觉喽。"可是，他们一个也不听话，还是不停地玩闹。

今天晚上，他故意板起脸命令他们："孩子们，现在就上床！立刻！马上！"可是，孩子们先是愣住了一会儿，然后继续玩闹。王致远怒气冲冲地说："罚你们一个月都不许看电视！"

虽然，孩子们从客厅转移到了床上，但是，依然继续玩闹，弄得王致远筋疲力尽，无能无力。

经过无数次的失败之后，王致远发现一条真理：他没有办法强迫孩子去睡觉。

有一天晚上，王致远学习了"自主性成长法则"后，对两个孩子说："孩子们，我得向你们道歉。我一直在干涉你们的生活，我总想告诉你们那些本该由你们自己决定的事。所以，如果你们能够记住两条简单的规矩，我就再也不会因为睡觉的事情烦你们了。你们觉得自己能做到吗？"

两个孩子信心十足，大声回答："能！能做到！"

"第一条规矩，"爸爸说，"从晚上八点开始，就是我和妈妈的私人时间，所以，你们在那之后不能再出现在我们面前，也不能让我们听到你们的声音，但是你们不想睡的话，就可以不睡。第二条规矩，所有人每天早晨六点起床。就这样，明天六点见。"

爸爸说完，亲了每个孩子一下，然后离开了。

十点半时，爸爸发现孩子们房间的灯都还亮着。

第二天早晨六点，爸爸起床后，推开孩子们的房间，看到一个孩子躺在床上，一个坐在屋子的角落里，但无一例外睡得正香。

很快，王致远发现另一条真理：把孩子叫醒，比让他们睡觉容易多了。他毫不费力就把孩子们叫醒了。

两个睡眼惺忪、哈欠连天的孩子都在发牢骚："今天太累了，我不想去学校。""我生病了，爸爸。""我想回房间睡觉。"

爸爸没有对他们生气、嘲讽，相反，他真心为他们的状态感到难过。

爸爸感同身受地说："孩子们，我告诉你们一个现象，每次我睡得太晚，第二天也会跟你们一样难受，而且，我确信你们今天在学校也会很难受。不过事情已经如此了，不如等回家的时候看看怎么办。祝你们有愉快的一天！"

下午三点半，孩子们回来了。其中6岁的小儿子摇摇晃晃地下了校车，拖着疲惫的脚步回家，一下就倒在了床上，睡着了。

吃晚饭的时候，小儿子还一直在打瞌睡。不过，在晚饭结束前，他们说了一句很有智慧的话："我想以后我要早点睡。"

几个月来，爸爸用威胁、命令和逼迫等方式，都没能让孩子们明白的道理，他们竟然一个晚上就明白了。

故事中，爸爸王致远这一次的办法为什么格外奏效呢？原因有三个：

1. 自己的体会胜过别人的教诲。一件事情，孩子只有亲自去试过了，才能明白不同的决定会带来不同的结果。如果只是听父母念叨晚睡有多不好，但孩子自己并没尝过晚睡的苦头，自然不会在意，只有真实经历了晚睡带来的精神不振、哈欠连天后，孩子才会知道那种滋味确实不好受。

2. 让孩子自己承担了结果。当孩子们困倦不已，恳求在家休息一天时，爸爸拒绝了孩子们的请求。他要求他们像平时一样去上学，这样一来，孩子们就必须自己承担晚睡的代价，度过并不好受的一天。而这也让孩子们明白了一点，那就是每个人必须为自己的选择负责。

3. 进行了情感引导。当孩子们因为睡眠不足而抱怨时，爸爸真心为他们难过，并且告诉他们，自己晚睡后也会这样。这种理解和共鸣，就是情感引导，可以让孩子们将精力用于思考晚睡带来的种种后果，而不是耗费精力与父母斗嘴。

将以上三个要素综合起来，就是"自主性成长"的第三条原则：让孩子承担结果，父母情感引导。

下面，我们就详细来讲讲，第三条原则对孩子会造成怎样的影响。

由内而外的疼痛，才能引发由内而外的改变

7岁的刘星经常丢三落四，妈妈提醒他很多次，他都没有改正。有一天早晨，刘星上学后，妈妈发现他的书桌上放着一个作业本。妈妈知道，刘星又忘记带自己的作业本了。

昨天晚上，妈妈为了帮助刘星完成这份作业，搜索了很多资料，费了不少心血，今天是要上交这份作业的，儿子刘星居然把它落在了家里。

妈妈做了一阵复杂的思想斗争：是像以前一样赶到学校，将作业交给老师，还是假装什么都没看到？

以前，刘星的妈妈会心急如焚地把儿子的作业送到学校去，虽然妈妈是在帮儿子一把，可是儿子刘星却失去了承担后果的机会。

今天，刘星的妈妈要换另外一种做法，假装看不见，没有送作业去学校。

结果，刘星痛苦地度过了一天。看到同学们纷纷上交作业，刘星满头大汗地翻遍整个书包，却没有看见作业本的影子，原来自己忘记把作业本放进书包里了。

刘星冒着被老师责备的风险，向老师解释了一切，这个过程对他非常难熬。老师用火辣辣的眼神盯着他，让他感到很难受，恨不得马上钻到墙缝里面躲起来。

刘星经历了以上种种难受的滋味，明白了一个道理：粗心大意会给自己带来麻烦。这一天的如坐针毡足以让他记住这个教训。后来，每天晚上做完作业，刘星会记得多检查几遍书包，以确保作业已经放进去了。

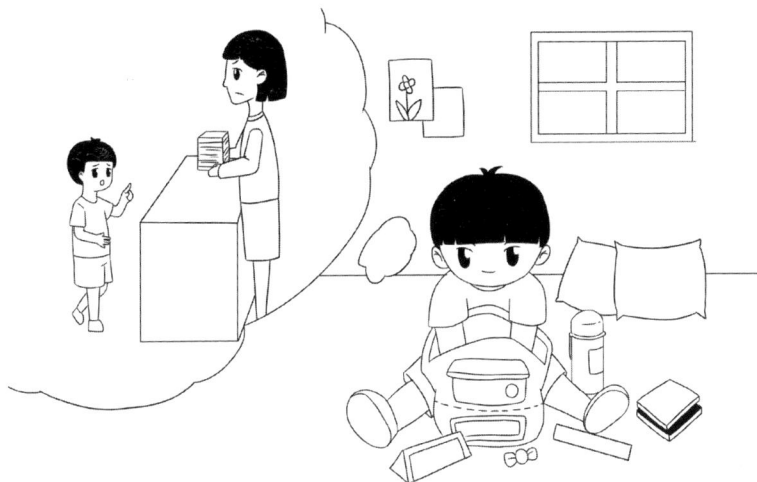

　　而所有这一切的前提，就是刘星的妈妈看到书桌上的作业本时，能忍住不去帮孩子。

　　在一些父母看来，孩子把重要的作业落在家里，父母此时不伸出援手，未免不近人情。但是，我们不可能帮孩子一辈子，孩子要早日学会自律，就必须先为自己的行为尝到苦头，感到由内而外的疼痛，才会想要进行由内而外的改变。

　　如果我们没有忍住，去帮孩子送了作业，孩子这一天虽然能愉快地度过，但是他不仅不会学到些什么，还会认为丢三落四不是什么需要改掉的毛病，反正有爸妈帮自己解决后顾之忧。终究有一天，在父母不能帮助他的时候，孩子可能面临更大的损失。

　　需要注意的是，让孩子品尝错误的滋味，其中一个不能省略的步骤，就是让他们承担后果。有些父母只是象征性地吓唬一下孩子，最后还是帮孩子搞定了一切，他们以为这样就够了，孩子必然能学到些什么，但其实，当孩子发现自己无须承担后果时，也就意味着孩子从中什么都学不到。孩子对于父母的话还会因此失去信任，觉得父母不过是虚张声势，以后父母若再想给孩子设立边界，孩子根本就不会在意。不仅如此，孩子还会认为事情的结果并非是自然产生的，而是由父母掌控的，日后当他们必须自己承受结果时，会将怨气撒到父母身上，认为是父母搞砸了一切。

无疑，让孩子自己承担后果，父母并不轻松。就像比尔·盖茨所说："眼睁睁看着自己的孩子因失败而陷入痛苦，父母忍住不插手简直是一种煎熬，其痛苦的程度远远超过孩子。"但是为了孩子的变化，却很值得我们勇敢一试。我们需要让孩子知道，他们所承受的一切，都是他们行为产生的自然后果，是他们自己造成的，和旁人无关。他们只有先改变自己，才能改变这一切。这种因果关系必须是他们思考总结后得出的，而想给孩子上好这一课，则需要我们闭嘴，让生活开口。

想让孩子承担结果，要先学会拒绝

5岁的芸熙正在上幼儿园大班，对什么都很好奇。有一天，她拿来两个一次性的杯子，分别到水龙头接了半杯水。接下来，她开始像魔术师一样"表演"了，她左手拿着杯子把水"哗哗"倒到右手的杯子里，然后又从右手的杯子里把水"哗

"嗦"地倒回左手的杯子。如此反复，乐此不疲。

芸熙看着透明闪亮的水龙在两个杯子中间飞来飞去，兴奋地叫起来："妈妈，快看，杯子里的水飞起来了。"

妈妈很担心她把衣服弄湿，就对她说："芸熙你太有想象力了，这样玩很特别，也很新鲜，但是你可能会弄湿你的衣服，你想继续这样玩下去，还是想跟我看一会儿电视？"

"当然继续玩了，我还要倒得更快一些，让杯子里的水龙飞得更快一些。"芸熙满脸兴奋的样子。

妈妈很想一把夺去芸熙手中的杯子，但她知道，这样做，孩子同样会找来其他杯子，继续玩水。于是，她故意走开一会儿，等着芸熙承担她玩水的结果。

果然，过了不到一刻钟，芸熙一次失误就把水倒到了自己的身上，衣服湿漉漉的，沾到她的身上，让她感到又冷又难受。芸熙叫道："妈妈，我的衣服湿了，快点给我换衣服。"

这时，芸熙的妈妈走过来说："你自己玩水弄湿了衣服，你自己找干净的衣服来换，然后把湿衣服拿到阳台去晒。"

芸熙央求着："妈妈你帮我，我不会换衣服。"

妈妈态度非常坚决地说："我不能帮你，那是你自己玩水把衣服弄湿的，你要自己想办法换衣服哟。"说完，妈妈就坐到沙发上，一边看电视，一边观察芸熙的行为。

芸熙看见妈妈无动于衷，知道妈妈是不会来帮她的，于是她自己费了很大劲才学会自己换衣服、晒衣服。

上述故事中，芸熙自己玩水弄湿了衣服，请求妈妈帮她换衣服，妈妈拒绝了她的请求，让她自己承担结果。如果妈妈及时出手，帮芸熙换衣服，那么芸熙永远不会承担结果，也不会吸取教训。说不定，她刚换完衣服，又继续玩水，又弄湿衣服，又叫妈妈换，玩个没完没了，直到把所有的衣服都弄湿……

在平常的生活里，对于孩子的恳求、抗议或保证，很多父母不懂得果断拒绝，而是犹豫不决。

有一天，吃晚餐的时候，7岁的李明在餐桌上举办了一场微型的"越野赛"，他把米饭堆成一座山，然后让豌豆沿着芹菜做成的坡道一路翻滚下来。

看到这样浪费粮食的游戏，李明的妈妈觉得忍无可忍，于是对他说："好了，儿子，你的晚餐结束了。回你的房间去做作业吧。"

一听到"做作业"，李明马上换了一副表情，样子无比可怜："我会听话的。"

妈妈心软了，说道："好吧。但你要保证不在餐桌上玩儿。"

"我不会再这样做了。我会很听话的。"李明说得信誓旦旦。

"好吧，"妈妈说，"你可以留下来。"

她长舒一口气，以为问题就此解决了，但没多久，李明就忘记了刚才说过的话，还变本加厉地玩他的"越野赛"。李明把汤水倒到米饭堆上，让坡道变得更滑，然后，从上面把排骨滚下来，排骨像滚雪球一样，沾着米饭滚下米饭堆，滚到桌子底下……

妈妈不能再心软了,她叫来爸爸批评李明一顿,然后爸爸妈妈在旁边盯着他,把桌面和地面收拾干净……

故事中,由于李明的妈妈态度不够坚决,结果李明继续玩浪费粮食的游戏。所以,父母要学会拒绝孩子的恳求,让他承担结果,他们才能从教训中学会自律。

孩子在承担结果之前,他们是不会改变自己的行为的。"自主性成长"的第三个原则强调让孩子承担后果,而这些后果有时是痛苦的,但它起到的效果却是非常惊艳的。

王凯的父母都很赞成"自主性成长"的理念。有一天,父母带着王凯、王斌两个孩子开车回家。走了一段路,两个孩子因为谁先喝矿泉水的问题,在车上吵个不停。

"我是哥哥,弟弟要敬爱哥哥,所以我要先喝。"9岁的哥哥王凯大声说道。

"我是弟弟,哥哥要让着弟弟,所以我要先喝。"7岁的弟弟王斌边说,边抢矿泉水瓶。

两个孩子在车里边吵边抢,声音越来越大,似乎盖过了汽车的引擎声和胎噪声。

这时,爸爸刹住车,然后对孩子们说:"孩子们,离家还剩一公里,你们需要下车,一边走路回家,一边继续探讨你们的问题。我和妈妈要享受安静的乘车环境。"

一阵出奇的安静后,9岁的哥哥王凯先抗议:"让我们走路回家,你不能这么做!"

7岁的弟弟王斌随后也表示不满:"太不公平了,你们坐车回家，却让我们走路回家。"

面对孩子的抵触和撒娇，这对父母全然"无视"，将孩子们赶下车，让他们自己步行回家。当然，车是妈妈开回去的，爸爸则偷偷地下了车，悄悄跟随着，以确保孩子们的安全。

那一路，两个孩子不再探讨"谁先喝矿泉水的问题"了，他们闷闷不乐地低着头，十分沮丧，还曾因迷路而惊慌失措。从那之后，他们再也没有在车上吵闹过。

挫败和痛苦时，孩子需要情感引导

春光明媚、鸟语花香，一辆动车像白色的巨龙在田园间高速穿行……

在动车里，4岁的维维无心看窗外的美景，而是伤心地倚窗啼哭。

维维的爸爸坐在一旁，关切地问："宝贝你怎么了？不要哭了，有什么事情你跟我说嘛！"

维维并不理会，只是继续"呜呜"地哭着。

"你是不是饿了？"爸爸问。

维维没有回应。

"你是不是渴了？"爸爸问。

维维也没有回应。

"你说嘛，你不说，我怎么知道你要什么呢？"爸爸有些不耐烦了。

维维依然没有答他的话。

"不许哭，再哭，我就生气了！"爸爸厉声说道。

"哇——"孩子哭得更伤心了。

坐旁边座位的人纷纷扭头看怎么回事。

维维的爸爸只好把孩子抱到车厢连接处，开始哄劝孩子。维维的爸爸之前学过"自主性成长法则"，还清晰记得情感引导的三个步骤。

第一步，认同孩子的感受。爸爸说："你想哭就在这里哭吧，有时候我想到一些痛苦的事我也会哭的。"

第二步，加入孩子的行列。爸爸又说："看见你哭的样子，我也有点想哭。但是，我作为爸爸，跟孩子比起来我要更坚强一点，要忍住不哭。你作为男孩子，跟那些爱哭鼻子的女孩子比起来要更坚强一点。"

第三步，展示另外的可能。爸爸又说："我们一起来画画吧，你看怎么样？有时候我们把心里想说的话通过画画的方式画出来，心情就好多了。"

维维止住了哭声，向爸爸点点头。

于是，爸爸与维维回到座位，一边看着窗外的风景，一边画画。在画画中，爸爸看到维维把妈妈画在田野里。爸爸终于明白了，原来儿子维维想妈妈了，便告诉他，再过几个小时，回家就能见到妈妈了。

故事中，孩子为什么哭？一开始，维维的爸爸一头雾水，后来通过慢慢的情感引导，才真正了解孩子哭泣的原因。

一般来说，孩子对于饥饿和口渴这类感受，是能轻松理解和表达的，但对于烦躁、担心、焦虑、恐惧和羞愧等比较隐蔽的感受，却不容易理解，也很难表达。

小男孩维维在坐动车回家时突然哭起来，也无法表达为什么。这时，就需要父亲进一步仔细观察、思考、询问和理解孩子的感受，并与之共情。这是情感引导的关键，如果父母弄不清楚孩子的感受，也就无法进行引导。

同样，当孩子承受后果、遭受挫败时，他们的感受也非常复杂，有沮丧和愤怒，有担心和焦虑，有自卑和羞愧，还有痛苦和迷茫，这时孩子就像生活在黑暗中，看不到希望之光，迫切需要父母的认同、接纳、理解、共情与引领。如果父母从小就给予孩子情感引导，那么孩子长大后对自己和他人的情感就会非常了解，也就会懂得如何引领，他们富有同情心、关心他人，也懂得自我激励，情商很高。

孩子有着丰富的情感，但对于这些情感他们却不是很了解，更不懂得如何表达、如何管理。如果在承受结果时，孩子将沮丧、愤怒、害怕和羞愧的情感隐藏起来，父母搞不清楚其中的原因，亲子之间也就无法交流，这将是一件很可怕的事情。所以，父母的情感引导，对孩子来说非常重要。

下面，我们就介绍一下情感引导的三个步骤。

第一步：认同孩子的感受，切忌说教

你可能已经发现了，当孩子犯错时，采用"自主性成长法则"的父母，与其他父母的反应完全不一样。他们不会生气，不会说"我早就告诉过你！"。他们不会让孩子坐下来挨训，因为他们知道，自己一旦这样做了，就妨碍了"结果"发挥作用。孩子的愤怒将会指向父母，而不是指向后果带来的教训。

当然，并不是所有说教都是暴风骤雨，有时候，我们会用最柔和的措辞，向他们解释错在哪儿，以及为什么这样不行，误以为这样孩子就容易接受。如果我们是在进行着说教，无论语气多么和缓，孩子都不会听，交流也是"无效"的。

所以，当我们对于孩子所犯的错十分气恼、当我们急迫地想让孩子认识到自己的不足、当我们很想借机树立自己的权威的时候，一定要按捺住自己的说教欲，要认同孩子的感受，同情孩子的遭遇，让结果本身代替父母的语言，让这些教训自然流进孩子的心里。

父母认同孩子的感受，是情感引导的起点，而父母否认孩子的感受，只能带来对抗。

童童是一名小学三年级的学生，在一次数学考试中成绩没及格，沮丧地回到家。看到糟糕的成绩单，童童爸爸很生气，本想责备几句。没等爸爸开口，童童却颓丧地说："爸爸，我是不是很笨？"

望着垂头丧气的儿子，爸爸心想，如果此时教育他，很可能雪上加霜，让儿子一蹶不振，应该先纠正孩子的自我认知，让童童相信自己不仅不笨，还很聪明，之后才有利于解决他学习上存在的问题。于是，爸爸用充满爱意的语气与童童沟通——

爸爸：儿子，说什么呢，你一点也不笨。

乐乐：我就是笨。为什么我干什么都不行？

爸爸：你不笨。还记得那次足球比赛吗？你在球场上的表现多么机智、灵活，一脚射门，让全场人都为你鼓掌喝彩，他们认为我的儿子是最聪明的孩子之一。

儿子：可那是足球，主要靠运气。我知道，我在学习上就是很笨，数学分数低就是证明。

爸爸：你只是需要更用功一点。

儿子：我已经很用功了，但还是一点用都没有。我脑子就是笨。

爸爸：不，你很聪明，我知道。

儿子：不，我知道，我很笨。

父亲（大声地）：你不笨！

儿子：我就是笨！

父亲（情绪失控）：你不笨！笨蛋！

儿子（伤心哭泣）：你看，连你都说我是个笨蛋。

童童爸爸原本想说服儿子，让他相信自己不笨，结果不仅一点效果也没有，还陷入了抬杠式的争执，最后爸爸失去耐心，说出了那句伤人的话，进一步加深了孩子的沮丧。

为什么童童爸爸怀着满满的爱，想帮孩子走出自卑的情绪陷阱，结果却事与愿违呢？原因就在于爸爸没有认同儿子的感受。如果爸爸认同孩子的感受，情况就不一样了——

　　儿子："我很笨。"

　　爸爸："爸爸理解你的感受，有时候我搞砸一件事的时候，也会觉得自己很笨。"

　　儿子："您也会这样吗？"

　　爸爸："是的，那种感受可不好受，就像针扎一样刺痛，让人感觉抬不起头来。"

　　父亲认同孩子"笨"的感受，孩子如释重负，自卑和沮丧的情绪就会减轻很多，而只有解决了孩子情绪上的问题，才能帮助他们提高学习成绩。

　　因此，当孩子把事情搞砸承受后果，感到沮丧、痛苦、自卑和羞愧时，不要否认孩子的感受，我们要让孩子知道，我们是真的理解他们——我们知道那是什么滋味。我们要把这些感受一五一十地告诉他们。比起大发雷霆、喋喋不休，或否认孩子的感受，此刻我们更该对孩子说出的是这些话：

　　"感觉自己很笨，那种滋味太难受了。"

　　"真是一次不愉快的经历啊。"

　　"希望一切都会好起来。"

　　"这对任何人来说，都挺难的。"

我们在说这些话时，孩子知道，虽然我们不会替他们承担结果，却理解他们的感受，能够与他们产生共鸣。当孩子发现自己的感受被认同和接纳，他们会感到深深的安慰，仅仅是这一点，就能给予他们勇气和力量。

第二步：加入孩子的行列，切忌高高在上

父母加入孩子的行列，感同身受，会让孩子觉得父母与他们"并肩作战"，这是情感引导的第二步。父母高高在上会让孩子产生抵触情绪，而加入孩子的行列，才能引导他们。

父母与孩子交流的语言，可以有两种版本：一种是高高在上的语言，另一种是加入性语言。不同的语言，产生不同的效果。

秀梅因为没有按时完成作业，受到老师的批评。放学后，她被留堂一个多小时反思，才垂头丧气地回家。

父母高高在上的语言："你当然会挨批！我之前告诉过你不要这样，可你就是不听，我看你以后还敢不敢不按时完成作业。"

父母加入性语言："我明白你的感受，女儿。要是我被上司批评，我也很难受。"

张勇因为昨晚睡得太晚，早晨起来感觉很疲惫。

父母高高在上的语言："你现在知道困了？看着吧，这一天在学校有你受的。"

父母加入性语言："感觉很累吧？我要是没睡好，工作时也是这样的感觉。"

期末考试结束后，静霞拿到了一张分数很低的成绩单，心情沮丧。

父母高高在上的语言："你不刻苦，不努力，现在成绩才这么差劲。你就该受到教训。"

父母加入性语言："这感觉太可怕了。我上学的时候，也曾经因为不努力成绩很差。"

父母高高在上的语言，诸如"我之前告诉过你不要这样，可你就是不听""看着吧，这一天在学校有你受的""你就该受到教训"这些，都带有指责、挖苦和训诫的味道，给孩子的感受，相当于往伤口上撒了一把盐。孩子们自然会疼得嗷嗷叫，把怒火转向父母。或许父母有时并不是故意为之，只是出于习惯，但这些语言瞬间就将孩子推到父母的对立面，让孩子拉开战斗的架势。

父母说的加入性语言，诸如"要是我被上司批评，我也很难受""我要是没睡好，工作时也是这样的感觉""我上学的时候，也曾经因为不努力成绩很差"等，则能让孩子在沮丧、自卑、羞愧和痛苦中备感温暖，觉得爸爸妈妈与他们肩并肩、心连心，始终在一起。这些语言会给孩子巨大的安慰和力量，让他们有勇气从挫败、沮丧和痛苦中走出来。

第三步：展示另外的可能，让孩子自己领悟

父母在运用"自主性成长法则"时，给孩子提供选项，让孩子自己选择，而当结果来临，孩子遭遇失败，陷入沮丧和痛苦时，父母要进行情感引导，认同他们的感受，加入他们的行列。当这些步骤都完成之后，便来到了最后一步：展示另外的可能，让孩子自己领悟。如果最后一步做好了，自然结果就会发挥它的教育作用。否则，不仅一切前功尽弃，还会起到反效果。孩子会把本该用来思考的精力，都用在对我们的埋怨与失望上。

周五下午，正在读小学三年级的女儿淑敏从学校回来，非常难过地告诉妈妈："妈妈，我这次考试不及格。"此刻，对淑敏的妈妈而言是个严峻的考验，她确实很生气，很想告诉女儿不及格有多糟糕，但她忍住了。她知道这是一个很好的机会，老师已经给出了结果，她一旦开口教训女儿，就会搞砸一切。

之后，淑敏的妈妈通过情感引导，完成了前面两个步骤。她对女儿说："女儿，我知道你那种不及格、失落的感觉一定不好受，我以前读书也有过那种感受。"

女儿开始变得安静，似乎在思考着什么，妈妈开始进入情感引导的最后一步，问道："你打算以后怎么做呢？"

女儿淑敏一脸沮丧："我不知道我该做点什么。"

事情到这里，都相当顺利，然而接下来，这位妈妈却犯了一个致命的错误，她对女儿淑敏说道："要不然这样，这周末的

聚会你就不要去了，在家好好看看书。"

淑敏的妈妈觉得，女儿既然不知道怎么办，她就应该挺身而出，替她出谋划策。

"不去参加聚会，你是什么意思？"女儿高声喊道，"不及格不是我的错！你去看看老师出的题，她都没有给我们时间去学，我举手的时候她也从来不叫我。你却不让我参加聚会，这太不公平了。"

情感引导的第三步，重点在于父母向孩子展示另外的可能，启发他们，让他们自己去思考还有没有更好的办法，或者应该怎么做，才能避免类似的情况发生。

故事中，淑敏妈妈所犯的错误，就是直接替孩子出谋划策，而且还带有惩罚的性质。父母惩罚的行为会瞬间激活孩子的情绪脑，让他们进入"刺激－反应"模式，开始捍卫自己，责怪老师和父母。于是我们用结果教育孩子的计划全泡汤了，孩子不会去思考自己行为导致的自然结果，也不会去反思自己的行为，却会向父母发泄不满和委屈。这是因为，挺身而出的父母横在中间，制造了人为的结果，阻碍了自然结果发挥作用。

要让自然结果发挥作用，父母就要以顾问的身份，站在旁边，启发孩子，让孩子自己去思考。淑敏的妈妈可以这样引导孩子："提高考试成绩需要有人指导才好，这样你的进步才会更快，你是找班上学习成绩好的同学请教呢，还是要报个学习辅导班？"

孩子承担结果，父母情感引导

接下来，我们将具体介绍如何让结果发挥最大的作用，这里面包含三个技巧。

技巧一：推迟结果，效果或许更好

孩子行为所引发的结果，不一定马上兑现。事实上，当孩子以为自己已经逃脱了不当行为的结果时，再让结果爆发，效果会更好。

妈妈开车带着两个孩子去超市，孩子们一路又打又闹，没有一秒钟能够安静下来。妈妈在车的后座中间画了一条线，让他们保持距离，不要继续打闹。然而，两个孩子的尖叫声还是此起彼伏："妈妈，他过线了！""妈妈，他推我！"那天孩子们回家后，妈妈并没有惩罚他们，甚至没有和他们讨论这个问题。孩子们觉得，这件事肯定就这么过去了，自己不用承担什么结果。

一周后，妈妈再次外出购物时，孩子们表示也想跟妈妈一起去，这样他们就能选择自己喜欢的零食了。然而妈妈遗憾地告诉他们："上次我们去购物时，你们一路上不停打闹，声音快把我的耳朵震聋了，我都没办法集中精神看路开车。所以，今天我不带你们去了，下午你们自己待在家里。"

如果这位妈妈在之前那次购物途中没有忍住，当时就对后座上的孩子们发了脾气，那么两个孩子什么教训都学不到，也没有时间去思考自己的行为。然而，在过了一段时间、孩子们几乎已经把这件事忘了的时候，当他们不得不待在家里的时候，他们则会想到很多：下次出门时，我该怎么表现呢？我又该怎么和兄弟姐妹相处呢？

"自主性成长法则"中，最重要的手段，就是让事情自然发生的结果来教育孩子，但有些时候，结果未必会紧随着行为后立即出现。这个时候，父母需要耐心等待，不能因为急于教育孩子，就先于结果去将答案告诉给孩子。没有真实的结果作为注释，这样的教育注定显得苍白，无法达到理想效果。

一天晚上，7 岁的艳玲去邻居家玩，结果忘记了跟妈妈约定好的时间，很晚才回家。一个女孩子待在别人家里很晚才回家，这是多么危险的事情呀。

当天晚上，艳玲的妈妈忍住心中的怒火，并没有发作。但这不等于这件事就此结束。艳玲的妈妈需要找到一个合适的触发点，让"旧事重提"。

第二天，艳玲再想去邻居家玩的时候，就是艳玲的妈妈施加后果的最佳时机了。妈妈对艳玲说："记得上次你回家晚了吗？我不想再像那天一样担心了，所以，这次你得待在家里，你要么自己玩儿，要么就看会儿电视。"

"妈妈，这样不公平，你和爸爸出去从不受限制，为何我一出去就要受限制！"艳玲坐在沙发上赌气。

"这是你上次晚回家的结果，我也不能帮你。"艳玲的妈妈让事情自然发生的结果来教育孩子。这样一来，在艳玲的心中，这个结果就能和准时回家联系在一起了。

此外，还有一种情况，也适合父母们推迟结果，那就是当我们不知道如何处理的时候。即使是育儿专家，也不总是马上能想出一个答案，如果头脑中一时没有对策，那就缓一缓，慢慢琢磨一个恰当的答案，这总比匆忙中说出一些话要好。父母选择晚一点回答，能让自己有时间找出一个更好的办法，或者是从别人那里听到一个好主意。对于父母而言，这并不意味着我们不够高效，相反，这代表着我们在让结果发挥出最大的效果。而在对孩子表达时，我们可以使用下面的句子，来给自己争取一些思考时间：

"这件事情很重要，我不确定现在应该怎么办，但一会儿我会告诉你。"

"对于你的行为，我不确定自己该作何反应。我得考虑一下。"

"我不知道这会导致什么后果，我得看一看。"

如果你怕孩子无法很好地理解你的意思，你还可以加上一句："这件事情还没有过去，我会想出处理办法的。"这样一来，孩子在接下来的几天里，心里一直会盘算，他们的行为会导致什么样的结果。给我们自己一些时间去考虑相应后果，对孩子而言也是一件好事。他们虽然会为一些可能的结果而感到煎熬，但这也是一段很有价值的思考时间。

技巧二：必要时，可以强加结果

一天中午，12岁的小女孩秀秀气喘吁吁地在小区里四处搜寻，她一边左顾右盼，一边焦急地叫道："花花，你在哪儿？"

原来，这天秀秀回家后，想要和宠物狗花花玩上一会儿，却怎么也找不到狗了。

妈妈告诉她："我把花花带到我朋友家去了。"

小女孩大惊失色："你朋友家？它为什么要去你朋友家？"

妈妈很清楚其中的原因。在养宠物狗之前，女儿做出了很多承诺，比如每天遛狗、清理狗窝、负责给小狗喂食、帮小狗洗澡，正是因为这些承诺，父母才允许她饲养这只宠物。

小狗到家后，小女孩在一段日子里确实信守了承诺，但也就过了一周，她就嫌照顾狗太麻烦了，又过了一周，她干脆不再清理狗窝，后面的事情相信很多人都已经猜到了，小女孩除了每天依然会和小狗玩儿，其他照顾小狗的事情，全都推给了妈妈。

秀秀的妈妈负责照顾小狗，对秀秀并不会造成什么影响，也不会影响到小狗的健康。秀秀的妈妈自从学了"自主性成长法则"之后，想要教孩子学会自律，让女儿尝一尝失职的结果。于是，妈妈决定自己强加结果——将小狗送去朋友家。

需要注意的是，这里的强加结果，和前面所说的父母出手对孩子进行惩罚，是不同的两种情况。强加结果，是把孩子的问题留给孩子，制造出一个与孩子行为直接相关的结果。而父母对孩子进行惩罚，则是把两件没有任何逻辑关系的事联结在一起，让孩子把矛头指向父母。

以上故事中，秀秀的妈妈就是在强加结果。她告诉女儿："你没有照顾好花花。我们之前说好的，由你来喂它，带它散步，给它洗澡，但你只在高兴的时候才会理它。狗狗需要更好的照顾，你没有按照我们的约定去做，这对这个家庭来说是个问题，所以我认为花花需要一个新家。"

因为女儿秀秀没有按约定好好照顾小狗，所以为了小狗着想，必须把它送走——这确实顺应因果，理所应当。

秀秀听妈妈这么说，伤心得哭了起来，小狗被送走后，她感到很难过。这时候，秀秀的妈妈对女儿进行情感引导，用充满同情的口气告诉她："我知道，你很想小狗，要是我的宠物不在身边，我也会想它的。但现在，有一个好消息和一个坏消息。坏消息是，我的朋友已经爱上花花了，可能不会放弃它；好消息是，她给了我们三天时间，来决定花花是不是可以回到我们这儿来。"

秀秀当即表示要把小狗接回来，然而，秀秀的妈妈并没有立刻带她去，故意说自己这几天很忙，只能过几天再去。秀秀注定会度过忐忑的几天，但是这样一来，她就有更多的时间去思考怎样做，才能让小狗留在家里。

这一次，秀秀是真的得到了教训。在接回小狗花花后，秀秀对花花万般重视，不用提醒，就会主动照顾它。关于责任感，她学到了重要的一课。

有时候，我们会担心这种方法太残酷了，但我们也知道，生活中有很多更加残酷的结果。我们希望能向孩子传递这样一个信息：忽视责任，会产生严重的后果。

当没有自然产生的结果时，父母强加结果必须符合以下条件：

第一，可以强制实施。

第二，与"孩子的过错"相匹配。

第三，必须以坚定的爱做支撑。

有时候，孩子面对强加的结果，会故意考验父母，看父母是不是真的会说到做到，然后再决定自己怎么对待这个结果。

膝下无子的李超曾收养了一名叫作亮亮的12岁男孩。当亮亮来到李超家里之后，李超渐渐发现，他是一个被动抵抗型的孩子，最典型的行为就是迟到。为了改变这种行为习惯，李超决定为亮亮安排一次难忘的经历。

有一天，李超送亮亮去离家15公里的镇上，并告诉亮亮，下午5点自己会在杂货店接他。并且说："亮亮，我的车像公共汽车一样很准时发车的。不过，我对你可以宽容一点，我会等你3分钟。如果你在5点到5点零3分之间到杂货店，我就把你接上。如果，因为某种原因在那个时间你到不了，也别担心，我晚上10点到10点零3分会再回来接你。如果你因为没有计划好，到时候还不在，也不用担心，我明天早上在上班路上会顺道过来，从 7 点等到 7 点零 3 分。"

李超知道亮亮会考验他，亮亮也确实这样做了。当李超 5 点去杂货店的时候，亮亮没在那儿。10 点再去的时候，李超等了 3 分钟，就在发动汽车准备离开时，亮亮从阴影处跑了出来，他将双臂高高举起疯狂挥舞，在夜色中大喊："我在这儿，我在这儿，别把我丢下！"可是，李超故意看不见，开车扬长而去。

第二天早上 7 点的时候，当李超开车路过杂货店时，亮亮很早就在那里等他了。亮亮又饿又困、两眼惺忪，很显然他痛苦地度过了一个忐忑不安的晚上。

这个经历产生了积极作用，过去亮亮经常迟到，但从那之后，他再也没有迟到过。

有时候，父母强加的结果看起来像是惩罚，但是如果在施加结果时，父母不带愤怒和威胁，并且，采用的方式能让孩子明白他们的不当行为和结果之间的联系，那么，这些结果就能相当有效。

技巧三：及时进行情感引导

《侏罗纪公园》里有句经典台词："生命总会找到它们的出路。"尽管如此，关键时刻父母的情感引导却不可或缺，既可以加深孩子与父母的情感纽带，也可以引导孩子了解并表达自己的感受，把愤怒转化为创造力，把挫折转化为动力，把失望转化为希望。

情感引导最有用的时候，就是当孩子感到挫败、沮丧和害怕的时候，这时如果父母不进行情感引导，孩子很可能会陷入自卑、胆小和羞愧之中，以后再也不敢进行自主选择。

如果这时，父母能给孩子安慰，对孩子进行情感引导，孩子就像是即将掉下悬崖，却又被人一把拉住一样，有种逃出生天的喜悦。

孩子需要父母及时的情感引导，但父母先要知道，什么样的话或行为才算得上情感引导。

一天，丽丽的妈妈看着孩子刚刚及格的卷子，忍住没有发火，但也没有进行情感引导，而是采取了忽略的态度："知道了。"

过了一段时间，当丽丽拿回不及格的试卷后，妈妈横眉冷对，冲着孩子叫道："看，我就知道会这样，之前没指出你的毛病，就是希望你能自己尝到这个滋味。"

丽丽听后，除了沮丧，心中必然还会多了几分愤怒："原来你一直想看我的笑话，一点也不关心我、爱我，我恨你。"

妈妈大声指出了女儿的毛病："你整天就知道抱着手机玩游戏，既不预习也不复习，考试能及格已经算幸运了，不及格才是正常的。"

父母光指责孩子，而没有进行情感引导，会让孩子产生强烈的反抗情绪，孩子不会认为眼前的一切是事情自然发生的结果，而是缘于父母的过错。

父母对孩子说出的一些带有威胁、命令与禁止的战斗性语言，绝对不是在对孩子做情感引导。一个不懂得从情感上引导孩子的父母，很可能起到反作用，让孩子在本该反省学习的时候，心中却充满了委屈与愤怒。

父母的情感引导是综合产生的效果，是措辞、语气、神情、动作共同发酵的结果，任何一个因素没有做到位，都无法打动孩子的心。

在这里，我们还要增加一条：我们不是要将"共情"表演给孩子看，孩子并不傻。他们不仅不傻，而且相当敏感。他们会时刻捕捉父母的表情、语气和措辞，从中看出父母是表演，还是真心。

在内心中，我们要把和孩子的关系放在第一位。我们对他们的爱是至高无上的。我们从婴儿时期就开始培养他们的自尊心，告诉他们自己是被人爱着的，是拥有智慧与能力的。如果他们身上有一些缺点，无论有多严重，都不会改变我们对他们的情感。所以，在孩子受挫时，父母及时的情感引导等于给了孩子一个保证：放心，我是爱你的，而且，在你需要时，我还会帮助你。孩子吃下了这颗"定心丸"，便会有勇气面对一切结果，并且主动寻求改变——因为即使自己改变得并不完美，父母也依然爱自己，依然是自己的后盾。

到现在为止，我们已经将"自主性成长法则"的全部内容做了介绍。有些父母担心自己的孩子已经不算年幼，用"自主性成长法则"会不会太迟。事实上，父母什么时候开始都不算晚。即使孩子进入了青春期，父母也可以运用，毕竟，我们与孩子建立的情感关系会长达一生。

　　孩子是父母最珍贵的礼物。在他们尚未成年时，父母需要告知他们生活的真相，让他们为走进现实世界做好准备。父母既要让孩子承担结果，也要做好情感引导，帮助他们形成自律的习惯，成为一个拥有大格局的人。

第二部分

让孩子自主性成长的46个细节

在了解了"自主性成长法则"的基本概念和方法之后，还有更重要的一步，就是将它们运用到实际生活中。

当孩子因为愿望没有得到满足而大发脾气时，我们该怎么办？当我们心平气和地给孩子提出要求，却遭到无礼顶撞时，该如何应对？此外，还有很多具体琐碎的问题：怎么应对那些不想睡觉、不愿起床、不做作业、不做家务，以及和同学打架的孩子……所有这些，父母需要的不是哲学思辨，而是实实在在的方法。

在这一部分，我们提出了父母普遍会遇到的 46 个细节。在这些细节中，我们将探讨父母如何灵活地运用"自主性成长法则"去解决问题，并在解决问题的同时，塑造孩子良好的性格，培养孩子的自主生活能力、主动学习能力、沟通能力、适应社会能力，以及正确的价值观。

第七章

培养孩子独立阳光的性格

　　性格由两部分组成：一部分是天性，例如，一个孩子是内向还是外向，都是基因说了算；另一部分是孩子在原生家庭中形成的心理习惯和行为习惯，例如松子习惯性地扮鬼脸，一些人习惯性地冲动、任性使气、逃避问题等，都是拜原生家庭所赐，是孩子在与父母相处过程中慢慢形成的保护外壳。

　　无论是学走路，还是断奶、如厕、睡觉、刷牙、上幼儿园等，这些生活中的细节看似平常，却在一点一滴塑造孩子的性格。孩子的性格是否阳光、独立、自信，遇到问题时是积极进取，还是消极抱怨、畏缩逃避，很大程度上取决于父母在这些事情上的做法。本章将详细讨论如何运用"自主性成长法则"帮助孩子形成独立阳光的性格。

细节1

断奶——孩子学习断舍离的第一课

慧慧的妈妈一直有块心病：自己3岁的女儿已经上幼儿园了，但还没有断奶。她很苦恼，一是她一直想减肥，但是孩子一天没断奶，她就一天没办法实施计划；二是孩子每天晚上依然要吃着母乳才能睡觉，这样既影响孩子的睡眠，也影响自己的睡眠。

有朋友经常打趣道："孩子都上幼儿园了，还不断奶，这以后上小学了是不是要含个奶嘴去才行？"

很多妈妈都面临过"断奶难"的问题，甚至为了让孩子断奶，妈妈们在乳头上抹苦瓜汁、芥末油，或者故意不出现在孩子面前，连睡觉都分开房间，只为了孩子能早日戒掉对母乳的迷恋。

奶粉和安慰奶嘴的出现，让妈妈们在给孩子断奶时多了份助力，然而，断奶对孩子性格的影响始终存在。对孩子来说，舍弃母乳会引发一种难以割舍的失落和痛苦，如何对待这种经历、处理这些感受，会给孩子的性格打上烙印。正因如此，父母在孩子断奶的过程中，才需要不疾不徐，给孩子上好人生断舍离的第一堂课。

孩子伤心、啼哭，不愿意断奶，是渴望依恋妈妈，如果妈妈没有满足孩子的依恋需求，就逼迫孩子放弃，这会让他们缺乏安全感，内心出现焦虑、恐惧。很多孩子由于过早断奶，迷恋上了吃手或啃玩具之类的替代物，这些孩子总要找些什么来吸吮，才能化解内心的烦躁、焦虑和难过。而他们第一次处理内心感受的方式，会极大地影响性格的形成。同样，如果迟迟不断奶，孩子没有学会断舍离，性格中就容易出现依赖、不独立的特点，遇事优柔寡断，缺乏决断力。

关于断奶这堂课，父母要让孩子感受到以下几点：

第一，断奶是一件自然而然的事情。要让孩子明白这一点，妈妈就不能突然断奶，否则这会让孩子产生一种强烈的被剥夺感。妈妈们要循序渐进，采取水到渠成的方式。一般来说，在孩子一岁左右逐渐减少母乳的喂养次数，增加辅食的喂养次数，那么到一岁半左右，孩子自己就可以断奶了。

第二，让孩子充分感受到爱与安全。随着成长，母乳已经不能满足孩子的需要了，但是孩子不愿意放弃，这也是因为心理上的一种需求。这时妈妈不要刻意回避孩子，甚至为了断奶与孩子分开，相反，要给予孩子更多的身体抚慰，多抱抱、多摸摸头，多和孩子一起吃饭、睡觉，一起玩儿。

第三，让孩子感受到放弃是一件不可逆转的事情。当条件成熟之后，妈妈不要拖拖拉拉，要果断地帮助孩子放弃母乳。当然，就像妈妈自己舍弃心爱之物会依依不舍一样，断奶最初也会让孩子出现明显的情绪反应，比如伤心、难过、烦躁、焦虑、激怒、发脾气等。这时妈妈千万不要心软，要明白这是让孩子学会放弃的第一课，在他们将来的人生中还有更多需要放弃的东西。这时让孩子学会放弃，对于他们将来形成不拖泥带水的果敢性格具有深远的意义。

细节2
如厕训练，孩子性格形成的关键点

有一次，畅畅的妈妈费了半天劲儿训练儿子如厕，却无功而返，只能放弃。

谁知几分钟后，2岁的儿子畅畅却在客厅沙发旁把事办了，还兴奋地冲她喊："妈妈，看，我拉出来了！"

妈妈看着那一大坨便便，以及瞬间弥漫房间的恶臭，差点气晕过去。

对孩子的如厕训练，父母不能操之过急。孩子时刻都在察言观色，他们会受父母情绪的影响。如果父母把这件事情看得太重，表现得焦头烂额，孩子就会紧张："如果我做不到，爸爸妈妈会不会生我的气？他们会不会认为我是一个坏孩子？"其实，孩子并不排斥如厕，他们排斥的是父母紧张、焦虑的情绪，以及由此带来的羞耻感。

一些妈妈在给孩子进行如厕训练时会用激将法："你看隔壁家的美美，早就能自己上厕所了，你到现在还这么费劲。"这种激将法，无疑会让孩子感受到真真切切的羞辱，给他们带来压力，不利于形成阳光积极的性格。不要以为小孩子不懂事，没有羞耻感，其实不然，心理学家埃里克·埃里克森曾指出，羞耻感形成的时间正好是在2岁左右。弗洛伊德也说过，不恰当的如厕训练，有导致神经症的危险。而瑞士著名心理学家爱丽丝·米勒更是对如厕训练进行了详细的分析，她发现，很多性格有问题的成年人，都是在 1 岁前就进行了如厕训练。

如厕训练不是一件小事，父母如果强行逼迫，会在孩子心中留下长久的阴影，让他们的性格变得压抑、扭曲。对孩子来说，如厕训练，其实也是一种放弃，是孩子放弃随地排便的自由和快乐，只能在规定的地方便便。这种训练是早期培养孩子自我控制能力的关键。尽管如厕对孩子自律能力的形成至关重要，但父母也不能逼迫。任何被强逼出来的自律，都是虚假的自律，脆弱无力，一击就溃。严格来说，那根本就不是自律，而是他律。只有通过自主性成长获得的，才是真正的自律。所以，无论如厕训练多么重要，父母都要记住，在这件事情上，自己只是顾问，孩子才是主角，千万不要在孩子还没有做好准备之前，就逼迫孩子。

如厕训练的时间不能太早，也不能太晚，一般在 2 岁左右。根据精神分析理论，婴儿出生后的第一年是口腔期，第二年才是肛门期。如果第一年就进行如厕训练，意味着孩子必须提前放弃随意排便的自由和快乐，这会给孩子造成压抑。

在进行如厕训练时，有些孩子比较容易，有些孩子则让人头疼，光是让他们坐上马桶就要花费许多工夫。孩子好不容易坐上马桶，父母以为他会排便，但是几秒钟后孩子就站了起来，说："我没有便便。"父母千万别信他的话，孩子并不是真的没有，只是想摆脱父母的压迫。

父母应该将如厕当作是孩子生命中一件非常自然的事情，要保持冷静和淡定，要调动孩子的主动性，让他们觉得上厕所是件有趣和快乐的事，甚至能让他们产生浓厚的兴趣。

要想孩子轻松、愉快、没有压力，父母首先就不要有焦躁情绪。一些父母总会提醒孩子："坐在马桶上别起来，直到拉完！"这会让孩子有压迫感，不轻松也不愉快，而且，这种命令常常是无效的。

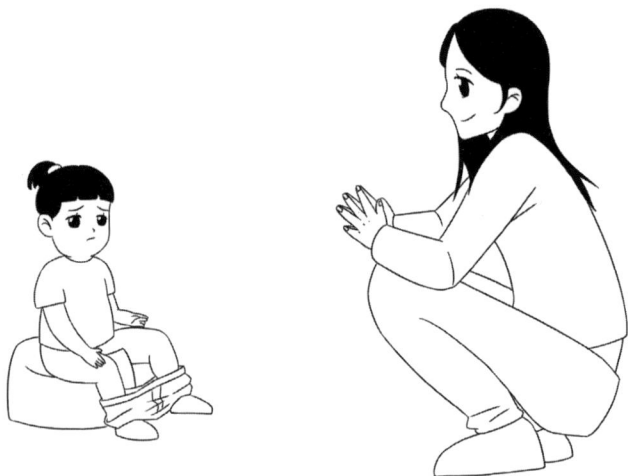

如果父母能够有意识地提醒自己，不要在每次训练孩子如厕时，都觉得自己好像在上刑一样，而是用一种热情和乐观的态度面对，那么孩子也会有样学样。

考虑到男孩和女孩身体结构的不同，女孩的如厕训练，最好是妈妈出面。

妈妈："看，猫拉便便时，会拉在自己挖的坑里。看小猫多开心。"

女儿："它开心吗？"

妈妈："当然，它很喜欢在坑里便便。所有动物都不一样。看，这只小狗就喜欢在树下尿尿，它也很开心。现在，我也想让自己开心，所以我要去趟厕所。"

女儿："我也想去。"

妈妈："好啊，但要我先去，你再去。"

对于男孩的如厕训练，最好由爸爸出马。

爸爸："我把这张手纸团成一个团，扔进马桶里，你知道这是什么意思吗？"

儿子："不知道。"

爸爸："那团纸是一艘敌人的战舰，看，旁边还有另一艘。接下来，你猜我要干什么？"

儿子："猜不到。"

爸爸："我要把它们都击沉。看我的！"

儿子："我也能做到吗？"

爸爸："如果你是一个好炮手就可以。但是你得动作快一点，因为它们很快就会自己沉下去。"

有些父母在孩子完成如厕训练之后，会奖励给他们棒棒糖吃。这不是一种贿赂，因为孩子和家长在完成这件事之后，确实都会感觉很棒，棒棒糖让孩子明白自己值得被奖励。孩子心情愉悦了，便便就不会成为糟糕的难题。

细节3

孩子被爷爷奶奶惯坏了，父母怎么办

今天，爸爸妈妈从姥姥家把3岁的儿子雷雷接回家。可是，雷雷回家之后，却大发脾气，乱摔东西。因为在姥姥家，什么事情都允许雷雷做，想吃多少糖随他便，电视看多晚都行。而雷雷回到自己家后，多吃一点零食妈妈就说三道四，多看一点电视爸爸就要关掉电视，自己不能随心所欲，于是心中有了不满。

无论是娇惯还是压制，都不能培养出孩子良好的性格。只有用"自主性成长法则"，才能宽严适度。

父母要工作，把孩子交给爷爷奶奶等长辈看管，是很常见的情况。然而，两代人在养育方法上的不同，常会出现矛盾，甚至让父母和孩子之间的关系变得紧张。一般来说，老人们都容易惯孩子、纵容孩子，而父母对孩子则要求得比较严格。

如果父母要将孩子送到长辈那里去，父母要注意以下几点：

第一，提前与老人沟通，让老人了解"自主性成长法则"，告诉老人具体的方法，力争达成一致。

第二，以身作则，给孩子做出榜样。要知道，我们今天对

待长辈的样子，就是孩子明天对待我们的模板。

第三，分歧在所难免，这时，我们要理解老人，但不要让孩子被老人左右。父母要让孩子做主角，自己做好顾问型父母。

第四，按照"自主性成长法则"，父母要求给孩子设定边界后，让孩子自主选择，坚决反对用威胁、吼叫和命令的方式教育孩子，在这一点上，父母与老人是一致的。父母所要做的，仅仅是让老人配合，在父母给孩子设定边界时不要干涉。如果老人看到父母如此轻松就培养出了孩子的好习惯，自然也会采用这种方法。

细节4
孩子性格胆小、敏感，父母应该怎么办

妈妈带着3岁的女儿珍珍准备坐电梯回10楼的家。刚进电梯，后面又急匆匆跟进来一位陌生阿姨。那位阿姨冲珍珍说："小姑娘真可爱，几岁了？"

妈妈低头看着珍珍："孩子，告诉阿姨，你几岁了。"

珍珍不仅没有说，还直往后退，躲到妈妈的屁股后面，弄得妈妈与阿姨很尴尬。

回家后，妈妈没有用"对人要懂礼貌""在外面要听话"诸如此类的"大词""大话"来教育女儿珍珍，而是很具体地对孩子进行了情感引导。

妈妈："珍珍，刚才在电梯里，妈妈看见你一直在后退，当时你是怎么想的？"

女儿："我不知道，只是感觉心里不舒服。"

妈妈："你为什么不舒服？你是感觉害羞，还是感觉有点紧张、害怕？"

女儿："我有点害怕那个阿姨。"

妈妈："没关系，妈妈在害怕一个人的时候，也会往后退，这是保护自己最好的方式。"

妈妈没有批评孩子不听话、不懂礼貌，而是认同孩子的感受和行为，这给了孩子莫大的安慰，孩子会进一步敞开心扉。

妈妈："你能说出为什么害怕那位阿姨吗？"

女儿："我说不出来。"

妈妈："妈妈问你，如果不是在电梯中，比如在小区和公园里，你看见那位阿姨，还会不会害怕？"

女儿："不会。"

珍珍妈妈终于明白，原来女儿不是害怕那位女士，而是害怕与一个陌生人拥挤在狭小的电梯里，而且这位陌生人还使劲儿盯着她。

妈妈："孩子，妈妈真的很理解你的感受，因为妈妈小时候也害怕与陌生人挤在同一个电梯里。后来长大了，就好了。"

女儿："妈妈，长大了，就真的不害怕了吗？"

妈妈："其实，妈妈到现在还是有不舒服的感觉，只不过，妈妈有能力忍受那种不舒服了。"

女儿："我也想像妈妈那样。"

妈妈："当然，妈妈一直都相信你。"

先认同孩子的感受，再一起想解决的办法，父母这样的情感引导，往往能触碰到孩子的心灵，让孩子觉得与父母心心相印。只要孩子感受到了来自父母的理解、关爱与温暖，孩子也就具有了战胜焦虑和害怕的力量。

几乎每个孩子都会有害怕的事情，有些孩子怕黑，有些怕当众讲话，有些怕某种动物。尤其是那些性格胆小、敏感的孩子，他们更容易害怕。当孩子表现出害怕时，父母的第一反应，通常是说："孩子，不怕，你是一个勇敢的孩子。"

然而，这种安慰未免空洞、表面化，对孩子而言，这无异于隔靴搔痒，孩子会感觉父母并没有真正地在倾听，也并不理解自己，而是故意在敷衍。

在情感引导时，父母千万不要用"大词"和"大话"，所谓"大词""大话"，就是那些口号似的词语和语句。例如"你是个勇敢的孩子""你真棒""你肯定能做到"等，这些词语和语句过于宽泛虚无，堵在孩子的耳朵里，根本无法进入他们心中。对于孩子而言，越是具体的词语和语句，往往越能深入内心，产生共鸣。

细节5
孩子性格太内向，父母怎么办

在溜冰场里，很多小孩戴着头盔护套，大呼小叫像肥皂一样滑来滑去。5岁的小男孩浩浩也穿戴整齐，独自站在溜冰场的一角，看着其他小伙伴玩得很开心，自己也想加入，却又不敢迈出脚步。

浩浩的妈妈坐在观众席上干着急，生气地朝他嚷道："浩浩，你这样胆小，将来能干什么？"

"我害怕……"浩浩叫起来。

"你害怕什么？"妈妈问。

"我滑得不好，害怕他们嘲笑我！"浩浩流下了眼泪。

浩浩的妈妈忍不住长吁短叹："我和丈夫都喜欢运动，擅长交际，有很多非常要好的朋友，没想到生下来的儿子，既不喜欢运动，也不喜欢交往，直到现在，连一个关系好的小伙伴都没有。有时候，我简直怀疑他不是我的孩子！"

这时浩浩的爸爸出马了，爸爸把浩浩抱出溜冰场，然后问："你不喜欢这种运动，可以不加入他们。我们去尝试其他安静的活动，比如去观察小草怎么破土而出、小蚂蚁怎么搬家，你觉得怎么样？"

"好吧，我们去看小蚂蚁吧。"浩浩做出了新的选择。

每个孩子都有自己的天性，有的内向敏感，有的外向好动，有的是慢性子，有的是急性子。俗话说，"江山易改，本性难移"，这个"本性"就是天性。父母养育孩子时，最容易犯的错误之一，就是把孩子的天性当成问题：怀疑外向活泼的孩子是不是有多动症，内心敏感的孩子是不是有心理问题，甚至不惜去改变孩子的天性。结果，不仅徒劳无功，还会让孩子内心痛苦、扭曲。

"因材施教"永远是最重要的原则之一，父母可以根据孩子不同的天性养育孩子。一般来说，内向的孩子都比较胆小、腼腆、性子慢，做事情会较外向型孩子显得拖沓，但他们也有很多优势，比如有着细致的观察力，能注意到别人察觉不到的细节，并且对事情有深刻的感受，共情能力更强，能第一时间察觉别人情绪的变化。很多著名的文学家、艺术家和科学家，都是性格内向的人，但也正因为内向，他们才能如此深入细腻地感受世界。

父母在养育内向的孩子时，要按照"自主性成长法则"，让孩子做自己喜欢的事。千万不要对孩子吼叫，因为他们比外向的孩子敏感，更容易受伤。此外，父母还可以经常陪孩子到大自然中去玩捉蝴蝶、观察植物与动物，这些安静而需要集中注意力的活动，更能让内向型孩子感到愉悦。

心理学家提出过一个观点，叫"父母孩子的契合度"，意思是，如果父母是内向敏感的人，孩子也内向敏感，那么父母与孩子的契合度就高，彼此就容易理解、交流和沟通。相反，如果父母外向，孩子内向，父母与孩子的契合度就低，由于彼此的反差太大，很容易就会起冲突。

对于这些契合度低的家庭来说，学习"自主性成长法则"是很重要的。父母不要催促孩子，要尊重孩子自己的节奏，并且要忍住不插手，让孩子自己去选择。

细节6
孩子性格太霸道，父母如何处理

9岁的女孩杨敏，正在上小学三年级，由于性格霸道，总是对其他同学发号施令，渐渐地被同学疏远了。

有一天，杨敏上课回答问题时答错了，这本是一件小事，但是，面对老师的纠正，她显得十分不屑一顾，不仅嘴里发出了"切"声，而且还朝着老师翻了个大大的白眼。

老师发现后狠狠地批评了她："这是什么态度，一点都不尊重老师，到教室门外站着吧。"

在同学们火辣辣目光的注视下，杨敏灰溜溜地站在教室门外，足足站了45分钟，一节课的时间。

杨敏回家后，"砰"的一声把自己关在房间里，伤心地流下了眼泪，十分痛苦。

当然，听到这件事情之后，父母通常会有两种反应：

第一，孩子毕竟是孩子，老师这么当着全班同学的面处罚孩子，多少有点过分。父母可以选择去学校跟老师评理。

第二，严厉批评孩子，指出孩子的错误，让她改正。

以上两种反应不仅无效，还有副作用。第一种方法会助长孩子霸道的性格，让她以为自己的所作所为理应得到支持；第二种方法则会让孩子陷入孤独，她并不会就此察觉自己哪里做得不好，只会觉得伤心与愤怒，继而性格更加霸道。

这时，父母最应该做的是情感引导。根据"自主性成长法则"的原则，对于孩子不尊重别人的行为，老师和同学已经给出了后果：她被同学们疏远了，而且也被老师批评和惩罚。孩子尝到了其中滋味，这个时候，如果父母不给予情感引导，让孩子产生自责、羞愧和憎恨心理，形成心结，将来就很难解开。

我们来看一看，杨敏的妈妈是如何进行情感引导的。

妈妈："女儿，妈妈很理解你此时此刻的感受，你是不是很生气，很难受？"

女儿哭着点了点头。

妈妈："你是不是除了生老师和同学的气，也生自己的气？"

女儿想了想，又点了下头。

妈妈："孩子，你是不是觉得被老师当众罚站很羞愧，很丢人？"

女儿频频点头："妈妈，您是怎么知道的？"

妈妈："因为妈妈小时候，也被老师罚过站，那种感觉真不好受。"

女儿如同找到了知音一般，向妈妈敞开心扉。在女儿与妈妈深入的交流中，女儿渐渐走出了自责、自卑和羞愧，发出了具有转折意义的一问："妈妈，您后来是怎么做的呢？"

妈妈："从那次教训之后，我就懂得了在做事时，除了考虑自己的感受，还要考虑别人的感受，尊重别人。妈妈相信你，或许你比妈妈做得还好，有越来越多的同学和老师喜欢你。"

在对女儿的情感引导中，妈妈没有指责，没有批评，没有吼叫，没有贬低，没有威胁，只是通过梳理女儿的情绪、理解女儿的感受，以及积极的心理暗示，就让她意识到了自己的问题，并努力寻求正向的改变。

细节7
父母逐渐放手，培养孩子独立乐观的性格

周末的时候，张梅的妈妈打扮得漂漂亮亮的，想带女儿去参加朋友的婚礼宴会。

妈妈准备妥当之后就问张梅："女儿，今天你要不要跟妈妈一起参加一个婚礼宴会，看一看漂亮的新娘子？"

女儿："妈妈，我能不能不去？"

妈妈："为什么？"

女儿："我想跟同学一起玩手工。"

妈妈有点失落，只能自己去参加朋友的婚礼宴会了。

曾经，孩子就像跟屁虫一样，很喜欢跟随我们一起出门去参加各种聚会，看着孩子特别兴奋、特别开心的样子，父母心中也感到欣喜与安慰。但随着孩子逐渐长大，几乎所有父母都

会感受到，让孩子跟我们一道出门，不再是一件容易的事情。

尽管我们为孩子的成长感到欣慰，为他们的进步感到骄傲，但同时也有一种空落落的感觉。我们忍不住想："孩子长大了，不再需要我们，也不再像过去那样亲了。"这样的想法会让我们备感失落。

父母对孩子的"爱"是复杂的，一方面，我们努力培养孩子的独立能力；另一方面，当孩子迈出独立的脚步之后，我们又依依不舍。但无论如何，随着孩子长大，我们都不能像过去那样，给孩子设立那么多界限了，父母要逐渐放手。

就像"自主性成长法则"所阐述的那样，父母对孩子的约束，是一个"Ｖ"字形状：越小，设立的边界越多，约束得越严格；越大，设立的边界越少，约束越宽松。这样既能让孩子自主成长，培养出独立乐观的性格，也能减少孩子与父母之间的摩擦和冲突。

如果父母做不到这一点，随着孩子逐渐长大，父母反而约束得越来越严格，那么冲突也就难免越来越严重，那下面这种场景也就不足为奇了：

陈辉的父亲经常把儿子禁足在家里复习功课。有一次，父亲发现陈辉打算偷偷溜出去玩。

父亲喝道："你要去哪儿？"

儿子大叫："我要出去！"

父亲瞪圆眼珠："你出去干什么？"

儿子眼里也是白多黑少："不干什么！"

父亲叫道："不干什么，你出去干吗？回你的屋子里去！"

父子这样的对话，就像两个碰撞的木桶，尴尬、沉闷、木讷，毫无意义，也许唯一的作用，就是为即将到来的青春叛逆性格积攒火药，等到有一天可能会迎来一场惊天动地的爆发。

第八章

培养孩子自主生活的能力

　　让孩子自主性成长，不仅能塑造孩子良好的性格，还能培养孩子自主生活的能力。根据自主性成长法则，父母不用帮孩子安排好一切，而是给孩子自己尝试的机会，让孩子承担结果，引导孩子学会自主独立生活。下面我们通过一些生活细节，告诉父母应该怎么做。

细节8

让孩子自己收拾玩具，从小培养自理能力

　　军军是一个3岁小男孩，他特别喜欢玩具，但玩完之后却不愿意收拾。

　　今天一早，就在一分钟内，军军像旋风一样把3桶积木、2套拼图、4盒64色的水彩笔，还有数不清的塑料恐龙撒在了地上，连地毯上的图案都看不见了。

这时，军军的父母该怎么办？当然，军军的父母可以去整理玩具，但如果父母动了手，就会造成双重的损失：父母不得不花费自己的时间，孩子也学不会如何收拾自己的玩具，培养不出自理能力。

想让孩子愿意收拾玩具，父母先要做出榜样。很多父母确实不太好意思责备孩子不收拾玩具，因为他们自己房间的椅子上，衣服堆得像山一样。当父母连自己的东西都没整理好，说出的话又能有什么影响力呢？

在孩子上幼儿园之前，清理玩具应该是个集体活动。父母收拾好一个玩具，然后孩子收拾好一个，之后父母再收拾好一个，如此反复。在孩子上幼儿园之后，收拾玩具就是他们自己的责任了。玩具的命运取决于孩子自己。如果孩子将玩具扔得到处都是，我们就需要给孩子提要求了。

军军的爸爸用下面的方法解决了这个问题。

爸爸对军军说："今天家里到处都是你的东西，它们有点挡路了。你是想自己把它们收拾起来，还是我来收拾？"

军军想了一下，说："你来收拾吧。"

爸爸说："好的。但是如果我来收拾，我会把它们藏起来，以后你就不能玩儿了；如果你来收拾，以后还可以找到它们。所以，你需要仔细思考一下你的选择。但不用着急，如果到了午饭时我看见你的东西还在那儿，我就知道你是决定让我来收拾了。"

中午的时候，爸爸发现军军自己在房间里收拾玩具了。他把玩具放在一个大大的收纳箱里，虽然没有分好类，但总比不收拾强。

如果孩子玩散的玩具最终是由父母收拾，而父母又经常把玩具还给孩子，那么孩子是不会自己收拾玩具的。如果孩子除了玩儿什么都不管，那么他们将失去玩玩具的机会。只有这样，孩子才会有收拾玩具的"紧迫感"和"危机感"。

一般来说，父母是不会担心失去玩具的，但是孩子们会担心。也正因此，孩子们会去完成角色转换，从玩具单纯的玩家变成"义务收拾家"，尝试对自己的玩具负起整理的责任。

细节9

如何让孩子学会激励自己

在幼儿园里，3岁的小女孩晓晓在搭积木时总能得到老师的表扬："哇，晓晓，你搭的积木好高，真聪明！""晓晓，你搭的积木很稳定，不容易倒，你真棒！"

然而，没过多久，老师就发现了一个奇怪的现象，晓晓的积木每次搭到第三层时，就停止了。

老师问："晓晓，你怎么不继续往上搭呢？"

晓晓："往上搭容易倒，那样就得不到老师的表扬了。"

老师明白了，晓晓还不懂得自我激励，所以老师就对她说："你可以自己偷偷地搭到第四层，如果积木没有倒的话，你可以给自己鼓掌呀。如果积木倒了也没关系，老师也看不见。我走开一会儿，你继续加油。"

当孩子习惯被别人称赞聪明、能干时，很可能就不愿意接受具有挑战性的任务了，因为他们不想因为冒险而失败，受到批评，让自己看起来像个傻瓜。

表扬是来自外界的肯定，带有评价性质，往往涉及孩子的品性和人格，例如"你真聪明""你好乖""你是个好孩子"。而且，表扬还很容易转变为批评。所以，当孩子把注意力都放在别人的评价和批评上时，就会渐渐与内心失去联系，丧失自我激励的能力。那些外界的评判，会让孩子产生焦虑和害怕的情绪，对外形成一种防御心理，这对于培养孩子自主自立、自我引导，以及自律没有帮助。

自律是依赖自己而非他人。所谓自律，就是找到自己，规范自己，激励自己做得更好。所以，自我激励是自律的内容之一。在培养孩子自我激励时，父母要少表扬，多鼓励。

鼓励没有评判，不用在乎外界的看法，也不用向外寻求认可，而是让孩子从内部自己激励自己，不断提升自己的能力。

美国育儿专家阿黛尔·法伯讲过一个故事，一个名叫乔纳森的小男孩，在幼儿园时要上厕所，老师鼓励他自己去。

乔纳森："我不行！"

老师："为什么？"

乔纳森："因为妈妈不在这儿。"他接着解释说，"我上完厕所，她会给我鼓掌。"

老师想了一会儿，说："乔纳森，你上完厕所后，可以自己给自己鼓掌。"

乔纳森瞪大眼睛，看着老师。

老师带着乔纳森去厕所，在外面等他。几分钟后，厕所里传来鼓掌的声音。

所谓自我激励，就是自己给自己鼓掌。

细节10
当孩子的爱好和父母的期待产生冲突，怎么办

周末上午，妈妈带着4岁的女儿依依去选兴趣班，妈妈看了很多教育机构、比较了很多兴趣班，一时间还没有决定要替女儿选哪一个。

回家后，女儿依依一边蹲在门口换鞋，一边歪着小脑袋说："妈妈，我想问您一个问题。"

"什么问题？"妈妈累得筋疲力尽。

"兴趣班是我的兴趣班，还是您的兴趣班？"依依一本正经地问道。

"当然是你的。"妈妈愣了一下。

"既然是我的，那为什么您要替我选，不让我自己选呢？"女儿依依问道。

"这……"妈妈愣在那里半天说不出话来，觉得女儿接得很有道理。

父母有时难免陷入痛苦的矛盾心理。一方面，我们给孩子提供各种机会，让他们接触各种事物，希望他们发现自己真正的兴趣；但另一方面，我们其实早在心中有了规划，而且，这

些规划甚至在还没孕育孩子的时候就已经出现了："弹钢琴能让人气质好，以后我要是有了女儿，一定让她弹钢琴。""会打篮球的男孩太帅了，以后我要是生了儿子，一定让他好好打篮球。""我画画不好，我的孩子一定要在这方面比别人强。"

然而，孩子不是我们的翻版，他们与我们有着不同的性情、不同的品味、不同的感知、不同的梦想。所以，孩子的爱好总是会与父母的期待发生冲突。面对这种状况，强势的父母会说："小孩子懂什么，这种事当然要听父母的。"但是，被逼出来的兴趣，永远不是孩子真正的兴趣。

李雪的妈妈，从小就逼着李雪学古筝。李雪说她喜欢架子鼓，但是妈妈觉得架子鼓不够"高雅"，干脆地拒绝了孩子。李雪在妈妈的威逼利诱下，牺牲了大量玩耍的时间，通过十多年的努力，终于考下了古筝的业余最高等级。但是在拿到证书的那天晚上，李雪面无表情地把证书甩到妈妈的面前："你是不是满意了？"

从此以后，李雪再也不肯碰古筝一下，妈妈的期望彻底落空了。

每个孩子都有自己的兴趣，如果父母要培养孩子自主生活的能力，并因此激发出人生更大的格局，就应该毫不犹豫地将选择兴趣班的权利交给孩子。

父母将选择兴趣班的权利交给孩子，会让孩子具有主动性。而且，也让孩子学会承担结果。既然是孩子自己选择的兴趣班，那么最终结果学得怎么样，都由孩子自己负责。

当然，孩子是会经常变化的，今天可能喜欢这个，明天可能又会喜欢另一个。没关系，这是孩子了解自己、父母了解孩子的必然经过。在选择兴趣班时，父母可以像抓周时那样，遵照"自主性成长法则"，给予孩子足够多的选项，比如可以包含运动类、音乐类、舞蹈类、书画类、棋牌类等不同范围。自然，父母也可以将自己的期待包含在选项中，但最终的决定权，还是在孩子手里。

细节11
孩子害怕分离，是独立时的正常反应

一天，柳柳的妈妈送3岁的女儿上幼儿园，一路有说有笑的。可是到了幼儿园，柳柳马上变得高度紧张起来，她哭哭啼啼，死死黏着妈妈，一步也不愿意离开妈妈。妈妈没办法，自己要去上班，只能由幼儿园的老师强行抱进去。

过了一段时间，孩子就习惯了这种"强抱进幼儿园"的上学方式。后来，柳柳又出现了另一个问题，当妈妈与她分房睡之后，柳柳总是半夜跑过来，说："妈妈，我屋子里有怪兽。"

"妈妈在你床周围喷点'魔法香水'，就像孙悟空给师父画圈圈一样，怪兽不会来打扰你的。"妈妈拿过香水在床头床尾喷一喷。

当晚，柳柳睡得很香，因为她心里知道，妈妈的"魔法香水"可以驱逐怪兽。

故事中柳柳出现的问题，就是分离焦虑。

在孩子的大脑中，怪兽一定会随着夜幕降临。它们有时候在床底，有时候在窗外，有时候藏在壁橱里，反正在妈妈离开房间后，怪兽就会张开血盆大口出来害人。我们都知道怪兽只是孩子假想出来的"幻象"，但对于沉浸在奇思妙想中的孩子来说，这些却跟事实没什么区别。

有一个名叫佳佳的3岁小女孩，她在被新父母收养之后，总觉得她的新父母只是假装的人类。到了夜晚，新父母就会蜕去人皮，变成大蜥蜴，然后慢慢爬向她的床，一口把她吞到肚子里。小女孩佳佳的这种恐惧感对于大人来说有多好笑，对于孩子来说就有多真实，足以让她缩进被窝不敢出来。

后来，新父母让她自己选择睡觉的时间和地点，比如白天在阳台上睡觉，这样她就可以轻松摆脱怪兽的袭击。

我们必须用一种理解的方式来探究孩子的感受，进行情感引导，切忌草率行事。我们再来回顾一下情感引导的三个步骤。

第一步，站在孩子的立场，认同孩子的感受、想法和行为。

有的父母否认孩子的感受，对孩子说："别胡说，这世界上哪有怪兽！"没有被理解的孩子感到孤独，会更害怕。

父母对孩子进行情感引导时可以说："嗯，孩子，你现在有些害怕，爸爸妈妈理解你的感受。"当孩子被认同时，他们的孤独和伤痛就会减轻，同时对父母的爱也就更深了。

第二步，加入孩子的行列，感同身受。

孩子："妈妈，你不要离开，我害怕，我屋子里有怪兽。"

妈妈："孩子，我知道你不愿意妈妈离开，如果妈妈在你身边，你是不是就不害怕怪兽了？"

孩子："嗯！"

妈妈："孩子，妈妈告诉你一个秘密，好吗？"

孩子："什么秘密？"

妈妈："妈妈像你这么大的时候，也害怕独自睡觉。"

孩子："真的？"

妈妈："当然！"

当父母认同孩子的感受，并加入他们的行列，孩子发现自己的感受是正常的，而且与曾经的妈妈一样，就会感受到深深的安慰，并由此获得面对挑战的勇气和力量。

第三步，展示另外的可能，寻求正向的改变。

有些父母虽然完成了情感引导的前两步，但在第三步上却出了问题，结果更糟糕。

例如，一位孩子害怕怪兽，妈妈认真地跪在地上检查床底下，然后说："你看，妈妈都看了，床底下没有怪兽。"妈妈以为这样就能让孩子放心，但实际上，孩子可能会更害怕。他们会想："啊！真的有怪兽，要不然妈妈为什么要看一看床下呢？"

妈妈虽然认同了孩子的感受，但没有向孩子展示另外的可能，并寻求正向的改变。当孩子发挥负面的想象力，怪兽就会在房间的任何地方出现，因为这只怪兽不在别处，就在孩子的心中。

父母要在认同孩子、加入孩子的基础上，引导孩子的感受向积极、阳光的方向发展。事实上，妈妈可以借助孩子这些魔幻的想象力。比如，在孩子的枕头边放一只叫作"怪兽克星"的玩偶，或者在被子上喷一点妈妈的"魔法香水"。当然，这些事情都必须以一种轻松愉快、充满爱意的方式进行，要知道，关键是要让孩子感受到无论遇到什么事情，爸爸妈妈永远爱他们、理解他们，永远是孩子最坚强的后盾。

为了让孩子不再害怕，我们可以和孩子展开这样的对话：

孩子："妈妈，我不想上床睡觉。我怕有怪兽。"

妈妈："嗯，我知道害怕是什么样的感受，我在你这么大的时候，也害怕过，但妈妈永远爱你，而且你有你的怪兽克星，我还可以给你喷点魔法香水。"

孩子："那我就放心了。"

父母不要把怪兽当一回事，孩子就不会受到暗示去做各种负面的想象。父母只要做好情感引导，等孩子再大一些，自然也就不会相信有怪兽了。

细节12
孩子不知道如何"和自己玩"，怎么办

在游乐场的波波池里翻江倒海、玩闹一阵之后，4岁的小朋友康康从波波球堆里探出头，愁苦着一张小脸跟妈妈抱怨说："妈妈，我好无聊！"

"刚才你自己不是玩得好好的吗？为什么现在觉得无聊了？！"妈妈很惊讶。

"这些球既不会说话也不会动，一点都没意思。"康康快要哭了。

"那你想玩什么？"妈妈问。

"我想让这些球自己动起来，而不是让我推着它们走。"康康突发奇想。

妈妈看了看四周，发现附近有个滑梯，于是来了主意："你把一些波波球抱到滑梯上，它们就会自己滚下来了，不用你推着它们，它们也会跑。"

"真的？"康康半信半疑。

"不信，我可以陪你玩一次。"妈妈把波波球拿到滑梯的滑道上，让波波球"骨碌碌"滚下来。

"太好玩了。"康康觉得这种玩法特别新颖，于是开始忘情地玩起来……

对于很多父母来说，不怕孩子吵吵闹闹，就怕孩子突然地

安静、不懂得和自己玩，而是像连体人一样黏在父母的身上，让父母什么事情都做不了。

父母很难理解孩子的无聊，那么多玩具、图书、零食摆在面前，怎么还会无聊？然而，"无聊"只是一种借口，孩子真正想表达的是："我想要你花更多的时间陪我。"

陪孩子玩，是育儿工作中最大的快乐之一，但无论我们是和孩子玩耍，还是因为工作、家务、身体不适等原因暂时无法陪伴，我们都要让孩子明白一点：他们必须学会很好地独处。**父母培养孩子最重要的目标之一，就是逐渐让孩子走向独立，帮助他们成为一个独立的个体，以便将来离开我们时，能够独当一面。**心理学家荣格将其称为"个体化"过程。而在这个过程中，最不可或缺的就是孩子与自己相处的能力，这需要从小培养。

当孩子感到无聊时，父母可以这样做：

孩子："我很无聊，什么有意思的事都没有。"

家长："那可真是太糟了，你屋里没有什么可玩的了吗？"

孩子："屋里的东西我都已经玩腻了。"

家长："那整个家里有什么你喜欢的东西吗？"

孩子："没有。"

家长："很多人在做自己喜欢的事情时，是不会感到无聊的。你感到无聊，看来你现在没有真正喜欢的东西。"

孩子："也许吧。"

　　家长："那咱们不如想想，除了无聊地坐在这里，还有什么事情是你愿意干的？"

　　孩子："我想玩游戏。"

　　家长："你想让我跟你玩一局吗？"

　　孩子："耶！当然！"

　　家长："我只陪你玩一局，因为我还有其他事情要做。"

　　孩子："我保证不会缠着你玩第二局的。"

　　这样，父母陪孩子玩一会儿，然后引导孩子自己玩。我们都希望孩子能发展出激励自己、娱乐自己及寻找自己兴趣点的能力。因此，父母要做的，是通过一些创新的方法让孩子和自己愉快地相处，而不是为孩子提供各种各样的娱乐服务。

细节13
不好好吃饭，还挑食——父母可以这样做

　　关于吃饭的问题，在与孩子交流时，父母可以用思考性语言代替战斗性语言。懂得"自主性成长法则"的父母不会说："你必须把这些饭菜吃完！"而是会说："你吃这么一点，能保证在下顿饭之前不饿吗？我希望你多吃一点，不过我也尊重你的决定。"

　　孩子们应该自己决定自己要吃多少东西。随着年龄增长，我们将不再控制他们吃东西的量，明智的家长将会通过尽早让他们自己做决定，促使他们为真实世界做好准备。

5 岁的森森，最近不好好吃饭，还挑食。为了扭转这种局面，森森的妈妈在做一些菜时，只做自己和丈夫两个人的分量，森森吃的还是以前的饭菜。

当天晚上，森森的爸爸妈妈吃得津津有味，仿佛那是他们做过的最好吃的菜。

"这道菜可真好吃！"森森的爸爸鼓动腮颊大吃大嚼，边吃边对妈妈说，"我希望你能常常做。"

当爸爸妈妈快吃完的时候，森森惊恐地问："我的那一份呢？"

妈妈告诉森森："这是我们大人的食物，我不知道你会不会喜欢它。"

当晚，森森的妈妈真的一点儿都不会分给森森。

第二天晚上，森森的妈妈还按照前一天的方式上菜，而森森的爸爸也像前一天一样狼吞虎咽。这时，森森就提出了抗议："我也想要一点！"

此刻，森森的妈妈态度软化下来："那好吧，你就尝尝，但是不要吃得太多。"

说完，妈妈给森森的碗里盛上了一点新出锅的饭菜。果不其然，被吊足胃口的森森吃得很香。

按照"自主性成长法则"的要求，父母与其逼迫孩子吃饭，不如调动孩子的食欲。

细节14

孩子的睡眠问题，恰恰是培养自我管理的良机

晚上9点钟，夜色如墨，5岁的明明还要看动画片，在与父母分开睡之后，每天晚上，他都不能按时睡觉……

"孩子，该睡觉了。"明明的妈妈准备要关电视机了。

"妈妈，等我看完这个节目行吗？"明明用身体挡住电视机的开关。

"不行！"妈妈态度很坚决。

"就看一小会儿。"明明带着乞求，眼巴巴地望着妈妈。

"好吧，成交！"妈妈心软了。

可是，当"一小会儿"到了，明明又开始耍赖，明明的妈妈不得不关掉电视，把明明抱上床去。

在为不上床睡觉找借口时，每个孩子都是天才，他们常用的借口有："我还不困呢。""我能吃点东西再去睡吗？""给我讲个故事吧。"父母想让孩子按时上床睡觉，可是孩子能说出一千条理由来违背你的命令，气得父母半死。

事实上，你是不可能让孩子睡觉的，世界上没有哪个父母能只凭发号施令就做到这一点。只有当生物钟告诉孩子该睡觉了，他们才会闭上眼睛。

想想看，我们为什么着急让孩子睡觉？一个无比真实的答案是，很多父母催孩子上床睡觉，只是想要一个没有孩子打扰

的夜晚。这些父母会说："爸爸妈妈很累了，所以现在是你上床睡觉的时间了。"

其实，我们完全可以按照"自主性成长法则"，给孩子设定一个界限："待在自己的房间里，不要影响我们，是否睡觉由你自己来决定！"这样既避免了孩子吵到父母，惹父母生气，还可以让孩子在自主中学会自我管理。

父母没有必要在任何事情上都大权在握，可以适当放权。比如，在孩子进入自己房间后，可以问问孩子是希望关上门还是开着门，关着灯还是开着灯，或者要不要听个睡前故事。

当我们想和孩子讨论睡觉问题时，可以参考以下对话——

家长：你觉得你晚上需要睡多久？

孩子：我喜欢熬夜，整夜不睡都没问题。

家长：可以理解。但我这点和你不太一样，我每天晚上必须睡足八小时，此外还需要两个小时独处，做些家务或者看看书。所以，每天有十个小时我们不能在一起。

孩子：噢，是这样。

家长：这也就意味着，当我开始独处的时候，你要回到你的房间去。你可以读书，也可以睡觉，自己来定。你觉得，我的独处时间从八点开始，还是八点半开始？

孩子：八点半吧。我可以开着灯，或者放音乐吗？

家长：当然。

孩子：我必须得躺在床上吗？

家长：不用。

孩子：我能睡在地板上吗？

家长：没问题。

很多父母担心孩子凌晨一点还不睡，到了第二天昏昏沉沉，所以不愿意给孩子自主权。当然，这些情况难免发生，但所有结果却不是由我们承受的，而是孩子自己承受的，结果无论好坏，对孩子而言都是一堂课，他们可以从中学习。

即使孩子第二天跟你抱怨："我昨晚没睡够。"

你也可以这么回答："确实如此。"

于是，这堂课的目的就达到了，孩子学会了自觉睡觉，要不然只能承担没睡够的结果。

细节15
如何让孩子主动刷牙

晚上，丹丹吃完饭后，又吃了一些零食，牙齿上沾了不少食物的碎屑。

"丹丹，快去把牙齿刷一刷。"丹丹的妈妈说道。

"我不刷牙。"丹丹生气地把牙刷扔到地板上。

"你不刷牙，我可要刷牙了。"妈妈说，"我刚刚吃了饭，我想我最好去刷刷牙，保护一下我的牙齿。"

看见妈妈有节奏地刷牙，丹丹觉得很好奇，就不情愿地捡起牙刷，象征性地往嘴里蹭上两下。

这时，爸爸加入了刷牙的队伍，他跟妈妈说："这么多食物留在我的牙齿和嘴巴里，真是让我觉得难受，我得马上去清洁一下它们，这样我就不会有蛀牙了。"

丹丹看了看妈妈刷牙的样子，又看了看爸爸刷牙的样子，开始认真刷起牙来。

孩子不喜欢刷牙，这是很多父母都面临的一个问题。想让孩子主动去刷牙，父母先要做好榜样，具体来说，就是让他们看我们刷牙，这一招很见效。或者当着孩子的面，父母谈论与刷牙相关话题，也会取得很好的效果。

孩子会"监听"父母的谈话，听到了一些他们认为自己不该听到的信息，会让他们感到很兴奋，而且跟面对面直接告诉他们相比，这种方式会使他们更愿意去亲身尝试。不过，随着刷牙带来的兴奋感逐渐消退，我们就要建立起一种联系，让孩子能将口腔卫生与自己想做的事联系起来。这时候，使用思考性的语言是最好的方式。父母可以对孩子说："只要你把牙齿刷了，你就可以出去玩了。"或者，"只要你把牙齿刷了，就可以看电视了。"

一位妈妈在发饼干之前，总会先说这样一段话："这些食物都含糖，我只发给懂得保护牙齿的人。"

然后她会点名："小萍一直在好好刷牙；小涛……哦，我真为你的牙齿感到担心，你最好还是不要吃饼干了。"

第二个孩子小涛，从那天之后，就好好地刷牙了，因为不刷牙就没有饼干吃了。

细节16

自己的房间，自己的领地——从孩子的生活中逐步后退

周末午休的时候，读三年级的陈刚闭门不出。这时，妈妈蹑手蹑脚、小心翼翼地靠近陈刚的房间。尽管门上张贴着"禁止入内"的警告，但妈妈的手还是搭在了门把上。妈妈慢慢转动把手，小心翼翼地打开门，鼓足勇气往里看了一眼。

尽管有思想准备，妈妈还是被眼前的景象惊呆了：棉被半搭在床角、脏衣服四处乱挂、臭鞋子和臭袜子呛得要咳嗽、床上到处都是课本练习册、公仔塞到哪里都是、书包里的笔散落一地……

妈妈忍不住怒吼起来："我的天啊！怎么这么乱！"

每次妈妈突袭检查陈刚的房间，房间的整洁程度，都能决定这一天的亲子关系是否融洽。而孩子的房间到底会成什么样，则取决于他们的年龄和责任感。

父母可以通过榜样作用，教会学龄前的孩子拥有整洁的房间。父母可以和孩子一起清理房间，一边干一边说："把这几个公仔排成一队是不是感觉很不错呢？"或："现在我知道你不会被臭鞋子和臭袜子熏到了，我感到好多了。"

当我们帮助孩子整理他们的房间时，我们传达的非语言信息是：这是一项工作，其中有很多乐趣，我们在帮助他们。不过，当孩子到了三年级，就到了我们从这件事中后撤一大步的

时候了。孩子或许依然觉得收拾房间很有趣，但这种有趣已经与父母是否陪伴无关了。我们让出了控制权，使孩子的房间成为他们自己的领地。

如果孩子不具备应有的责任感，对自己的生活空间、自己的领地不整理不爱护，我们可以再次进行干预。

孩子房间的状态，是一场我们能够打赢的控制权之争，但并不意味着我们要对他大喊大叫，而是意味着提供选择，并应用其他"自主性成长"的技巧。这时候，我们要避免告诉孩子什么时间清理他们的房间，更好的办法是设定一个时间，让他们在这之前完成。对话可以像这样进行——

家长："你能在周六早晨之前把你的房间打扫干净吗？"

孩子："我不想打扫我的房间。"

家长："也行，你不用必须打扫。你可以雇家里人来做，每次打扫费是 50 块钱，我们很高兴有额外的钱赚。"

孩子："但是我没有钱。"

家长："你知道，当大人没有钱的时候，我们会卖点东西。"

孩子："卖什么？"

家长："你不用现在就决定你要卖什么，你可以周六告诉我，也就是说你周六要选好卖什么。如果到时候你还是无法决定，那就意味着我来选，除此之外，都由你来决定。"

自此，孩子们决定自己打扫房间的可能性将变大，因为他不会轻易卖掉自己拥有的东西，更不会借钱请人帮忙打扫自己的房间。

细节17

父母离婚，如何不影响孩子的自主成长

在一个阴雨天，小雨淅淅沥沥下个不停，刘洋的爸爸穿着雨衣一声不吭地往车上搬东西，妈妈两手交叉在胸前，倚在门边"盯"着爸爸，生怕他把不属于他的家产偷偷搬走。虽然刘洋才6岁，但是她不得不承受爸爸和妈妈离婚的痛苦。

爸爸搬完东西，最后用复杂的眼神看了一眼刘洋，然后就消失在白茫茫的雨雾中……

爸爸走了之后，刘洋的妈妈发现刘洋一点儿也不开心，原来活泼乱蹦的女孩，变得胆小怕事起来。于是，妈妈决定好好跟她交流一次。

妈妈："女儿，你觉得我们离婚会影响你吗？还是没关系？"

女儿："当然会影响，这件事相当糟糕。"

妈妈："为什么呢？"

女儿："我不希望你和爸爸离婚。"

妈妈："但是你也知道，我们总是吵架。"

女儿："我会努力乖一点，这样你们就不会吵了。"

妈妈："你觉得我们是因为你才吵架的，还是因为别的什么事而吵架？"

女儿："我不知道。"

妈妈："我想让你明白，我跟你爸爸吵架的主要原因并不是你。我们就是没有孩子，也会离婚的，老实说，离婚也让我觉得很难过。"

女儿："我不希望你难过。"

妈妈："我的确很难过，我曾以为我会跟你爸爸生活一辈子。但我们已经说好了，你还是会经常见到他的。"

经过妈妈的一番开导，刘洋明白爸爸和妈妈离婚不是因为她不乖，而是因为别的事情，心里就变得轻松多了。

离婚过程中的父母，应该主动向孩子传递这样的信息："这并不会毁掉你的生活。我知道你能应对，也许会很困难，但我们都会没事的。"如果父母是积极的，孩子也会感觉轻松一些。

离婚，这是个很多父母想要回避的问题，但当它发生时，父母又不得不对孩子做出解释。然而怎么说，却让很多人感到沉重而无措。

当父母离婚时，受伤害的不仅仅是夫妻双方，孩子也很难过。孩子很可能会出现情绪波动，出现防备心理，还会觉得自己被排斥了，而表现就是多动、顶嘴、缺乏兴趣、懒惰、学习成绩下降等。这些行为，都属于正常的伤心，要知道，无论我们怎么解释，这件事也没有办法让孩子觉得是件好事，在他们的眼中，离婚就是一场灾难。对于已经或正在离婚的父母，可以通过以下八条建议，减轻这件事对孩子造成的伤害。

第一，父母要让孩子知道，离婚不是他们的错。父母知道离婚很少是由孩子导致的，然而，一些孩子却会这样想：如果我是一个更好的孩子，我的父母就不会离婚。父母可以这样对孩子说："孩子，你也知道，你有一些好朋友，但后来却合不来了，我和你爸爸（妈妈）差不多就是这种情况，但是我们依然爱你。"

第二，坦诚地面对自己的感受，不要说对方的坏话。那样会适得其反，但不妨坦诚地告诉孩子自己对他爸爸（妈妈）的感受，无须说明细节。

第三，理解孩子的不当行为，但不能纵容。鼓励孩子表达自己的感受，但依然需要让孩子承受不当行为的结果，比如不能容忍孩子对父母的不敬行为。

第四，给孩子提供一个支持小组。孩子需要与家庭之外的人谈一谈，可以是学校的老师、自己的朋友、父母的朋友等。

第五，带孩子进行一些必要的心理咨询。有些孩子在父母离婚之后，在长期的单亲家庭里生活，他们的性格变化很大，会做出很多不当的行为，这时爸爸或者妈妈可以带孩子一起进行心理咨询，可能会有帮助。

第六，不要利用你的孩子去获取信息。不管你有多么想通过孩子去打探前配偶的消息，都一定要忍住。孩子有时候会故意给出父母想要听的答案，他们能够感知父母在期待什么。

第七，与前配偶直接讨论探视问题。通过孩子向前配偶传递信息，绝对不是一件明智的事。如果你想告诉对方什么事，请直接与对方联系。

第八，孩子们需要"爸爸"和"妈妈"。再婚后，最好让孩子称呼继父（继母）为"爸爸（妈妈）"。孩子当然不会忘记"真正"的父母，但我们依然要给孩子提供这种选择。只是，绝对不能强迫孩子这样做。有一个妈妈带着孩子再婚之后，孩子老是叫继父为叔叔，妈妈也不强迫他叫"爸爸"，妈妈知道孩子有权表达自己的想法和感受。

在压力剧增的现代社会里，不少地方的离婚率越来越高，虽然这有些可悲，但父母还是要诚实地面对现实，一旦父母真的遭遇离婚，也要将其作为教会孩子处理问题的机会。有时候，父母会考虑"什么时候告诉"孩子离婚才合适，但"什么时候告诉"远没有"怎么告诉"重要。

如果我们总是觉得自己因为离婚而亏欠孩子，并因此对孩子不断表示歉意，那么，这会显示父母的内疚感，而很多孩子很会利用这种内疚感，就有充分的理由去抱怨、攻击父母，也有充分的理由沾染各种恶习。学过自主性成长法则的父母，应该以自己离婚的经历教会孩子，两个人在一起，什么时候该坚持，什么时候该放手，什么时候该断舍离……

细节18

如何抵制电子产品的诱惑，学会自律

比尔·盖茨作为世界首富，一直在运用"自主性成长法则"养育自己的三个孩子。他在家中立下规矩：孩子只有到13

岁时才能拥有手机。

身为软件工程师，比尔·盖茨对互联网、智能手机和平板电脑非常了解，知道它是社会进步的福音，但对未满13岁的孩子来说，有时却是诅咒。因为孩子的自控力尚未形成，往往容易沉迷于虚拟的游戏和肤浅的感官刺激之中，严重影响大脑的发育，以及心智的成熟。

强强是一个9岁的男孩，每天放学回家后，就开始玩手机，不做作业。每当妈妈命令强强关掉手机时，他都会表现出一种讨厌、易怒、挑衅的态度，甚至大发脾气。有时在餐桌上吃饭，强强也会不停地看手机。

作为父母，我们要协助孩子更好地利用电子产品，避免其中的陷阱。父母可以通过以下四个步骤，来帮助孩子学会自律。

第一步：交给孩子他们能够驾驭的任务。比如，让孩子用手机搜索一个视频，学习一下怎么煎鸡蛋做早餐。

第二步：希望孩子能遇到挑战。这一步比较难，科技带来的诱惑太多了，带来的危险也很多。孩子们会在网络上看到很多"少儿不宜"的内容，可能沉浸其中废寝忘食，这些都是时有发生的。所以，父母要教孩子学会如何抵挡这些诱惑，比如爸爸带着孩子上网时，发现一些不良网站马上迅速关掉，并说道："哎呀，这些垃圾网站，不知从哪里冒出来，幸好我关得快，要不然整个电脑系统都被破坏了，账户里的钱也没有了。"

如果孩子无法自觉抵挡这些诱惑，父母要做的就是：对他们将要面对的诱惑进行大量深入的讨论，提供必要的培训。

第三步：带着共情采取行动，让孩子负起责任。有些孩子在家里会偷偷躲在棉被里玩手机，在学校上课时会偷偷在抽屉里看手机，这些行为很容易惹怒父母。这时，父母要带着共情采取行动，可以把手机、电脑果断没收了，并对孩子说："我很爱你。我发现了你在做什么。当你有办法能防止这种事再次发生时，我会很乐意把你的手机、电脑还给你。"

第四步：再次交给孩子同一项任务。当孩子想出屏蔽网络垃圾信息的办法之后，父母可以再次交给孩子同一项任务，给孩子尝试与改过自新的机会。科技不会消失，父母要帮助孩子有智慧地使用科技，唯一的途径就是让孩子知道有些错误一旦犯了会有多惨，比如孩子在班群上乱发一张洗澡的自拍照片，结果全班同学都知道他屁股上有一颗痣……

高效的父母不会给孩子设立太多的界限，但只要他们设立了界限，就会100%执行。很多家庭甚至在只有一条界限的基础上得以成功运作，那界限就是："在不会给任何人带来问题的基础上，想做什么就做什么。"

如果孩子感受到父母充满爱意的界限时，他们会自觉遵守。如果父母带着充满爱意的情感引导，并让孩子为自己的错误决定负责时，孩子就会明白只有正确的选择才能带来幸福。如果父母坚持这样做，总有一天，孩子会感谢我们。

细节19

在养宠物的过程中，学会担当

星期天的中午，6岁的梦瑶和妈妈去菜市场买菜，发现有人在路口摆摊，标价出售小猫、小狗、小白兔、乌龟、金鱼、小仓鼠等动物。很多小朋友都围上去观察、抚摸，显得依依不舍。

梦瑶指着一只喵喵轻叫的小花猫，说道："妈妈，我要把这只小猫带回家。"

妈妈问她："你想带小猫回家，那你来照顾它，还是我来照顾它？"

梦瑶想了一下，说："我来照顾它。"

"那好吧，你自己选了它，你就要照顾好它。"妈妈知道，依据自主性成长法则，应该让孩子经历养宠物的事情，她才知道其中有不少责任与辛苦。

梦瑶把小猫带回家之后，前几天很勤奋，又是喂水喂猫粮，还带着它四处去抓老鼠。可是，女儿的热情很快就消耗殆尽，她又开始玩手机游戏了，小猫饿得团团转，她也懒得看一眼……

就这样，照顾小猫的责任，又落到妈妈的身上。

妈妈对梦瑶说："吃饭时，我只负责三张嘴的食物，分别是爸爸、我，还有你。如果你在下午五点前没有给猫喂食，那么这三张嘴就会变成四张嘴，分别是爸爸、我、猫，还有你。反正家只有三张嘴的食物，你自己选择吧，是去掉猫的食物，还是去掉你的食物。"

梦瑶陷入两难的选择："我和猫的食物都不要去掉。"

当天晚上，梦瑶只顾玩手机游戏，没有给猫喂食。

妈妈只好去给猫喂食，然后说："今天晚上没有梦瑶的饭，因为我把一张嘴的食物给了猫。"

然后，妈妈走过去亲亲女儿梦瑶的脸颊，笑着说："我们吃饭时会想念你的。"

看见爸爸和妈妈吃饭，还有猫吃食物，梦瑶饿得不行，她把手机扔下，然后说："我也要吃饭。"

妈妈说："那你以后准时给猫喂食，我就把一张嘴的食物留给你。"

梦瑶点点头。

在养宠物这件事上，孩子的热情来得快去得也快，如果孩子把宠物带回家又不好好照顾它，父母可以像故事中的妈妈一样给宠物准备食物而不给孩子准备食物。

如果这种方法没有奏效，父母将会尝试给宠物找一个新主人。不过即使到了这个程度，也不要批评孩子，而是温和地对孩子解释："猫咪需要有人按时喂食，而且还需要保持笼子干净。"然后，就果断把动物送走。

在好奇心的驱动下，所有孩子都央求过父母养只宠物，无论这宠物是猫是狗，是鸟是鱼，还是蜥蜴青蛙，总之，孩子喜欢宠物。

面对孩子可怜兮兮的请求，大部分家长都会态度松动，当然，我们会事先和孩子约定好：养宠物是孩子自己的责任，孩子必须要自己喂食，清理宠物的粪便，收拾宠物的房子、笼子或者玻璃缸。我们期待孩子能从养宠物的过程中获得责任感，但最后，常常是我们拿着长柄粪铲跟在宠物身后，成了名副其实的"铲屎官"。

如果孩子提议大家一起来照顾宠物，父母要马上一口回绝。因为一旦孩子确定妈妈会给狗狗喂食，爸爸会给小仓鼠换木片，那么孩子就什么都不会操心了，到那时，照顾宠物就成了我们的问题，而不再是他们的问题。所以，父母要让孩子始终承担照顾宠物的全部责任，但前提是父母需要狠下心来，孩子不好好照顾宠物，要么送人，要么卖掉……

细节20
在家务中培养孩子的胜任感

周末，爸爸妈妈关掉电视机，把两个孩子叫到客厅来开个"家庭会议"。因为他们都不愿意做家务，爸爸妈妈一开始也不知道怎么办，自从学了"自主性成长法则"之后，他们找到了解决方法。

爸爸对孩子们说："今天，我们要与你们协商做家务的问题。"

妈妈微笑地说："家务不仅是我们的事，你们也要参与一部分。"

两个孩子面面相觑，一言不发。

爸爸拿来一张纸，把家里的主要家务写上去，包括：洗衣服、刷鞋、叠被子、整理衣柜、打扫马桶、擦窗户、扫地、拖地、倒垃圾、洗水杯、泡茶、买菜、洗菜、准备早点、煮饭、洗碗、洗筷子、收拾饭桌、洗锅……

爸爸写完之后，就展示给孩子们看，然后说："你们可以自己选择两件家务，如果觉得不能胜任，下周再开家庭会议重新分配家务。"

大儿子兵兵高兴地说："我喜欢洗菜和洗碗！这样可以顺便玩一下水。"

妹妹芳芳说："我喜欢叠被子、整理衣柜，我可不愿意碰冷水。"

其他家务，由爸爸与妈妈平分。

过了一周之后，兵兵发现洗的碗越来越多，不愿再洗碗了。芳芳也发现衣柜里的衣服越来越多，根本整理不完。于是，在家庭会议时又进行了新一轮的家务磋商。

这样，一家人通过"家务磋商会"，把家里的家务分配给了父母与孩子，大家都觉得很公平，很乐意做。

就像以上故事一样，父母想让孩子做家务，可以就家务问题与孩子协商，可以把所有家务列在一张纸上，贴在厨房显眼位置，让孩子自己选出最喜欢干的家务活。如果孩子做了一段时间家务觉得不满意不公平，全家人可以坐在一起进行再次分配。记住，不要由父母决定谁做什么，让孩子自己选择。如果家务分配不公平，不管是什么原因，被"不公平对待"的孩子很快就会嗅到欺诈的味道，要求重新谈判。

有些家务是有时间要求的，父母在提醒孩子做家务时，不要按照自己的时间表，不要说"在我睡觉之前"或"在我回家之前"这样的话，这样会让孩子觉得自己是在为父母做家务。智慧的父母会使用类似"在你下一次吃饭前"或"在我带你去踢足球前"的说法，以孩子的安排为参照，建立一个家务时间表。

父母都希望孩子爱做家务，在我们的概念里，家务和自律、责任、勤奋、自理能力和良好的生活习惯联系在一起，但孩子可不这么想。如果我们在家里发问："一会儿谁想洗碗？谁想扫地？"孩子不仅不会举手，还会躲得远远的。

在很多孩子看来，做家务就等于吃苦，然而，如果倒回到孩子人生第一次做家务的那一刻，我们会发现，孩子对于家务，曾经是那么热爱。每个孩子第一次拿起扫帚扫地时，都无比兴奋，仿佛这是莫大的奖赏；第一次洗完袜子，明明肥皂沫都没有冲干净，但孩子依然会让妈妈去参观，似乎挂在那里的是他的奖章。

然而，为什么孩子越是长大，越讨厌做家务？或许原因就出在父母的身上。

想想看，有些父母在做家务时，是否满嘴的抱怨？是否眉头紧锁，每个动作都透着不耐烦？如果孩子看到我们对家务如此排斥，他们必然会觉得，做家务不是一件好事，自己只要可以不做，就一定不做。而在接下来的日子里，对他们而言，做任何家务都会变得非常艰难。

所以，想让孩子做家务，父母先要改变对做家务的态度。聪明的父母会在孩子蹒跚学步时，就想方设法让孩子明白：做家务是有趣的事。父母会在做家务时表现得很开心，同时还会这样说：

"我很喜欢干家务。这太有意思了。"

"我很喜欢和你一起做事情。"

"我保证我们一起做会很有乐趣！"

注意，父母在这里说了"一起"，因为学步期的孩子已经有了参与家务的愿望，但并不具备完成家务的能力，所以他们在做家务时，更像是和父母一起玩。比如我们刷碗时，他们会在一旁玩水；我们修理东西时，他们会在旁边摆弄工具。尽管孩子这时确实帮不上忙，我们也要表达出对他们参与家务的欢迎。

当孩子到了能独立做事的年龄，基本上是小学一年级时，就应该让他们独立做一些简单的家务了。比如整理被自己弄乱的东西，收拾自己的床铺。孩子到了三年级后，一直到上中学前，他们可以逐渐学会倒垃圾、洗碗、打扫房间等。

当然，尽管我们极尽启发，孩子还是有可能不喜欢做家务。他们的头脑如此灵活，会找各种借口逃避家务，比如身体不舒服，比如作业太多，他们很懂得如何把父母置于尴尬的境地：你是想让孩子学习成绩好，还是想让他们做家务？一想到这些，很多父母就会放弃让孩子做家务。但实际上，家务并不会花费多少时间，也不会耽误孩子的学业或健康。

有一种父母，会很容易培养出严重抵触家务的孩子，这类父母的口头禅是"啊，对了"，比如，孩子正在看电视，他们猛地想起孩子还有没做完的家务，或者是临时想要安排孩子去做家务，于是说："啊，对了，你能去把垃圾倒了吗？"这样毫无因果关系的临时起意，会让孩子十分反感，见到父母靠近就恨不得马上逃走，然后躲起来。

所以，父母不要临时起意安排孩子做家务，而是要与孩子协商，让他们自己选择做哪些家务和选择完成家务的时间。

细节21
零花钱——从小培养孩子的理财能力

有一天风和日丽、春光无限，爸爸带着儿子峰峰去郊外踏青。在风景区，峰峰被那些旅游纪念品吸引住了。

爸爸虽然知道下面会发生什么事，但是他不说话。结果，峰峰买了一大堆东西，身上的100元零花钱就这样没了。

"爸爸，我的钱花光了。"周一早上，峰峰向爸爸求助。

"那真是太糟糕了，你准备怎么办呢？"爸爸问。

"我不知道。"峰峰回答道，"您能不能再给我一些零花钱？"

"当然，不过要等到下周发零用钱时。"爸爸说。

接下来的一周，是峰峰最为艰难的日子，因为他的零花钱没有了，只能眼巴巴地看着别的小朋友吃零食、喝饮料，自己什么都没有。这件事给了峰峰一个及时而深刻的教训：钱不能乱花，一定要抵住各种诱惑。

然而，有些孩子比峰峰更执拗、更精明。当他们把钱提前花光了，在发新的零用钱之前，孩子会向父母祈求更多的钱，并且会用各种方法唤起我们强烈的内疚感。这时，父母要坚定地捂住口袋。

下面让我们来看一看，敏敏的父亲是怎样处理这个问题的。

女儿："爸爸，我需要更多的零用钱。"

爸爸："我明白你的意思，我也希望工资单上的钱比我现在赚得多。"

女儿："可是，我真的需要钱！爸爸，能再给我点吗？就一点点，求您了！"

爸爸："下周六会给你发零用钱。但是现在，可能你得考虑用做家务来挣钱了。"

女儿："可是我现在就需要钱。"

爸爸："孩子，我知道你现在就需要钱。但是别急，到了约定的时候，你也是可以得到钱的。"

女儿："这不公平！我的同学们就没有这个问题，他们的父母爱他们，会给他们更多的钱。"

爸爸："我相信你说的，所以，下周六我会给你钱的。"

就这样，敏敏的父亲咬紧牙关，坚决不给孩子零花钱。结果，等到下周六敏敏重新领到零花钱时，她学会了有计划地花钱。

父母给孩子零花钱，当然不是为了让孩子去买饮料、饼干和冰激凌，而是想教会他们理财。毕竟，有财商的孩子才能经营好未来的生活。

这里，有几条规则可以帮助孩子更好地学会理财。

规则一：在固定时间给孩子零花钱。

规则二：不要坚持让孩子省钱。如果孩子把钱装在鞋盒里，藏在壁橱深处，留着长大后再用，是学不会怎样管理金钱的。孩子必须要经历过自己的财务危机，体会乱花钱导致的"债务缠身"之后，才能了解钱是什么，并学会理财。

规则三：在一定范围内，允许孩子按照自己认为合适的方式花钱、攒钱、浪费钱。甚至，他们可以花钱雇人为他们做些事。但一切都有一个条件：钱花完了就是花完了，在下次发零用钱之前，父母不会再给他们任何钱。

第九章

如何培养孩子主动学习的能力

孩子在成长的过程中，从3岁上幼儿园开始，大部分时间都在学习，如果父母能培养孩子主动学习的能力，将会达到事半功倍的效果。根据自主性成长法则，父母可以让孩子自己管理时间，自主选择自己的学习方向和兴趣爱好，当然也让孩子自己承担这些选择的后果。在孩子成绩不佳时，父母可以通过情感引导再次激发孩子的上进心。下面我们通过一些生活细节，告诉父母应该如何培养孩子主动学习的能力。

细节22
上学迟到——培养孩子的时间管理

"女儿，我得催你多少次？"清晨，张玉爸爸的催促声再次在房间里炸响。

"你最好快点！"看着女儿慢悠悠穿衣服的样子，张玉爸爸快要气疯了。

"你再不穿好外套的话，就要迟到了！"爸爸提起 8 岁女儿张玉的书包就要走。

"等我一下。"张玉来不及梳理凌乱的头发，就跟着爸爸冲出去……

每天早上，面对上学这件不得不做的"事情"，很多父母似乎都比孩子还要着急。但任凭我们火急火燎，孩子依然像树懒一样做着慢动作。一天中的第一个小时，是对孩子进行时间管理的最佳时机，因为我们要让孩子自己思考要做的事情，这种思维将影响他们的一天。

遵循下面四条基本准则，将会使父母和孩子都能过一个舒心的早晨。

第一，确定哪些工作属于父母，哪些属于孩子。与孩子谈一谈，将会帮助他们认识到设定闹钟、听到闹钟后起床、选衣服、穿衣服、洗漱、看时间、带文具、决定早饭吃多少等等事情，实际上都是孩子自己的责任。如果这些事情没有做好，承受结果的只有孩子自己，而父母则会全力支持老师对迟到的各种处罚。

第二，不去提醒。总是提醒孩子，希望他们不犯错误，这就让他们失去了从错误中汲取教训的机会。

第三，不要解救他们。孩子起床晚了，不要因为要迟到了就用车去送他们，也不要写请假条，为他们的拖沓开脱。只有当孩子真的感到难过了，这些教训才能被孩子牢牢记住。

第四，在孩子犯错时，用难过代替愤怒。明智的父母在看到他们的孩子快要迟到时，会说："宝贝，我很难过你的老师要训斥你了，真心希望你能解决好。"

下面是爸爸和8岁儿子张坤在讨论按时起床问题时的对话，我们或许能从中得到些启发。

爸爸："那么，你明天想几点起床？"

儿子："8点。"

爸爸："好的。你准备怎么把自己叫醒呢？"

儿子："你来把我叫醒啊。"

爸爸："你已经8岁了，大部分像你这个年龄的孩子已经可以自己起床了，所以你自己起床怎么样？"

儿子："我怎么自己起？用我的闹钟吗？"

爸爸："好主意。你可以定个闹钟，8点起床。"

儿子："要是我睡过了怎么办？"

爸爸："那样的话，你可能会迟到，你想好怎么跟老师解释了吗？"

儿子："那还不简单，你写个假条给我呗。"

爸爸："我会很乐意写明真相，说你在起床上学这件事上有困难。"

儿子："可是这样老师会批评我的。"

爸爸："恐怕会的，那样的话我也会为你难过的。"

这样一番谈话后，第二天早晨，儿子大概率会按时起床。当父母不为这些事焦虑时，孩子自己就会上心。因此，那些不太担忧孩子失败，而是更希望孩子从失败中学会思考的父母，会培养出善于思考并很少失败的孩子。

细节23
想玩，不想做作业——这是培养孩子推迟满足感的机遇

下午五点左右，7岁的龙龙背着沉重的书包走回家。

妈妈从厨房门探头问："放学啦，今天过得怎么样？"

龙龙放下书包喘了口气："挺好的。"

妈妈："你是想先做作业，还是先玩一会儿？"

儿子："我想先看一会儿电视。"

妈妈："好的。"

可是，龙龙开始看电视，便一发不可收拾，妈妈默默看在眼里，却也没有制止。结果，当天晚上，已经很晚了，儿子的家庭作业还没有做完……

第二天放学后，龙龙生气地把书包一扔，发起了脾气。

妈妈问："儿子，发生了什么事情？"

儿子："唉，别提了。我昨天作业没写完，老师当着全班同学的面批评了我。"

妈妈："那真是太糟了，我替你感到难过，你今天打算怎么办？"

儿子："我想写作业，可是我也很想看电视。"

妈妈："很简单，你只需要调整一下事情的先后顺序，先做作业，做完后再看电视。要知道，咱们家网络电视可以回放重播的。"

很多辅导过孩子做作业的父母都知道，孩子都贪玩，逼着孩子准时做完作业是一件令人头疼的事情，小则伤神，大则伤身，而且常常会引发家庭矛盾。我们应该知道的是：家庭作业是孩子自己的事情。动笔的是他们，动脑筋的是他们，被评分的也是他们，这完完全全就是孩子自己需要操心的事。

然而，太多父母将作业变成了自己的事，他们看到孩子不做作业，就心急如焚、怒气冲冲，一次次给孩子下最后通牒，并且剥夺孩子在其他方面的权利，威胁孩子、冲孩子大喊大叫。一旦孩子的作业没做完或做得不好，他们就会对孩子进行严厉的惩罚。结果，孩子的作业一天比一天推迟完成，因为孩子也认为那是父母的作业，而不是自己的作业。

其实，在孩子做家庭作业这件事情上，父母只需要做好一件事，那就是：帮助孩子养成推迟满足感的习惯。

所谓推迟满足感，就是不贪图暂时的安逸，重新设置享受与吃苦的顺序。在做作业与看电视这两件事情上，看电视是享受，做作业是吃苦。如果是先看电视享受，然后再做作业吃苦，孩子就容易沉迷在享受之中，控制不住自己的情绪和行为，总是贪图眼前的舒服，不愿意去承受做作业的烦恼，并滋生出拖延症。不能按时完成作业的孩子基本上都是先享受，再吃苦，他们冲动行事，缺乏耐心。而推迟满足感不是不享受，而是让孩子先去做那些不怎么享受的事，之后再踏踏实实、无牵无挂地去享受。这样一来，既可以培养出自控力，避免冲动和拖延带来的恶果，让孩子看得更远，也能让孩子获得最大程度的满足。

不过，惰性与追求享受，本身就是人类的本能，因此，很多时候父母要任由孩子先吃一些苦头，孩子才会懂得其中的利害，懂得推迟满足感给自己带来的种种好处，进而学会自律。

细节24
自主选择，锻炼孩子的创造力

孩子的创造力，经常会给我们一种混合了惊奇、欣喜和自豪的美妙感觉。

创造力是孩子的宝藏，也会让孩子变成宝藏。有创造力的孩子，会更有趣，更有魅力，他们有很多新奇的想法，遇到问题时，总能创造性地解决。

然而，创造力要想得以发挥，必须与自律相伴而行。如果孩子很有创造力，却并不自律，父母会备感崩溃，毕竟，在壁纸上画画、用指甲油给狗狗上色、用玩具水枪往天花板上喷彩色墨水等等，也都是有创造力的表现。

自律是自主性成长的产物，同样，创造力也是源于自主性。要激发孩子的创造力，父母首先就要给孩子一个相对宽松的环境，强势的父母是很难养育出有创造力的孩子的，只有自主选择，才能锻炼出孩子的创造力。

在锻炼孩子创造力方面，需要父母分三步帮助孩子。

第一步，在学步期鼓励创造力发展。

创造力与好奇心就像是孪生兄弟，而学步期是培养孩子好奇心最重要的时期。在打基础的这几年里，孩子大脑的可塑性很强，所经历的事足以使大脑出现物理改变。在此阶段，孩子大脑的发展，完全依赖于所处的环境。

2~6岁是培养勤勉和创新的最佳时期。明智的父母会鼓励孩子去探索周围的环境。但很多学步期的孩子在公共区域探索环境时，却遭到了父母的各种阻拦："过来！""别到处乱跑！""别弄坏了东西！"

事实上，孩子哪儿也没去，也没打搅到任何人。只要孩子的行为没有危险性，而且没有冒犯别人的空间，父母就应该放松一些，允许孩子自己去尝试。在学步期，明智的父母会亲自为孩子展示探索的过程，激发孩子的好奇心。

父母可以摁一摁汽车喇叭，问孩子："是什么让汽车能到处跑？"

学步期的小孩喜欢学习电视按钮的用法，想知道自己能把积木堆多高，而有智慧的父母永远都在说："哇，看这个是怎么做到的？"

要让一个有好奇心的孩子快乐地生活，规则是必要的元素。只有在规则的约束下，孩子对于环境的探索，才能让父母和孩子都得到乐趣。如果孩子在听到父母的呼唤后愿意回来，那么，让一个学步期的孩子去探索超市就是让人愉快的事情。如果孩子能够尊重父母设定的界限，不去用手摸热水瓶，那么让一个孩子观察水和面粉怎样混合，也是有趣的。

有一次，老师去做家访，发现一年级的学生彬彬正在一个沙池里设计河流的流域图。彬彬在沙池里挖了大大小小的沙沟，然后冲水进去，让水流满所有的沙沟，变成了一个流域图。

老师问彬彬的妈妈："孩子在玩水，你怎么看？"

彬彬的妈妈笑着说："啊，孩子玩得很有创造力呀，而且沙池是防水的不会流得到处都是。"

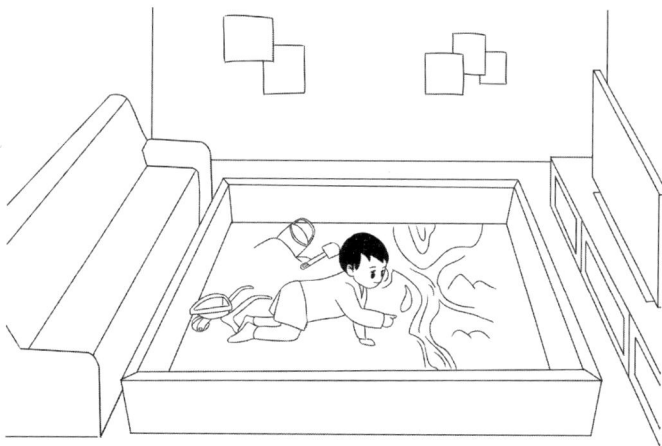

第二步，在童年早期鼓励创造力发展。

促进孩子早期创造力的发展，有一个简单有效的方法，就是把电视扔掉，关好电子产品，并且把手机放在孩子摸不到的地方。所有孩子在家里时，家长都应该花更多时间让孩子做点什么，而不是看点什么。

下面，是父母在童年早期培养孩子创造力的部分清单：

·变废为宝，锻炼动手能力。比如买一些钟表和各种机械装置，专门供孩子拆卸；买旧衣服给孩子做化妆游戏；买一些旧首饰盒来存放孩子的重要收藏品；让孩子开展趣味收藏活动，收藏老式明信片、调料瓶或挂锁等，这些大人们认为无关紧要的东西都可以成为孩子的宝贝。

·确保家里有一面覆盖着塑料的白色墙壁，或者一张黑板，用于孩子乱写乱画。

·每个家庭都应该有一个供孩子表演的小舞台，哪怕只是沙发上的某个座位，效果要比一整套家用媒体设备还要好。

·除了给孩子读故事外，还可以让孩子发挥想象力编故事。

·在和孩子一起做事情的时候，确保每个环节都充满乐趣。

第三步，在童年时期鼓励创造力发展。

童年时期，未来的企业家和发明家开始崭露头角。此时，父母可以让孩子做些令人兴奋的事情，让孩子与世界充分接触，激励出更多的创造力。比如，我们可以带孩子参观博物馆、看艺术展览、观赏戏剧和去野外郊游。无论父母带孩子参加什么活动，只要孩子感到有乐趣，他们就会很快投入其中。

伟伟在小时候，他的妈妈对画画和写作表现出了莫大的兴趣，伟伟经过耳濡目染，也对这些东西萌生了浓厚的兴趣。

不久后，伟伟的妈妈顺手就把画板和草稿纸交给了孩子。妈妈说："试试吧，你可能会喜欢的！"

伟伟开心地接过画板和草稿纸，开始学着妈妈的样子，在画板上画呀画，在草稿纸上写呀写。等长大之后，伟伟真的创作了不少好绘画与文学作品。

妈妈对伟伟的爱，表现在时刻维护孩子对世界的好奇心，结果影响了孩子的一生。

父母对事物表现出好奇心，和孩子一起做有趣的事，为共同的发现而感到兴奋，就会很容易培养出能自我激励、有求知欲和有创造力的孩子。

细节25
自己没做好，就不要怪别人——学会承担责任

刚上一年级的小女孩乐乐经常丢三落四，每次上学的时候不是忘带文具盒，就是忘带作业本。乐乐的妈妈就成了"专属快递员"，从家里不停地往学校送这送那。

有一次，乐乐在睡觉前问妈妈："妈妈，你帮我检查书包没有？"

乐乐的妈妈白天上班实在太累了，两只眼睛都快睁不开了，她打着哈欠说："我帮你看看吧。"

妈妈拿过书包，帮乐乐核对了一遍书包里的书本和用具。可能因为妈妈太困了，居然忘记了一张数学试卷。

第二天上学后，乐乐被数学老师留堂批评，说她学习态度

不认真，连试卷都找不到。

乐乐理直气壮地对老师说："是我妈妈的问题，她没有给我找出来。"

老师说："那你回家跟妈妈一起找找，到底把试卷塞到哪里去了。"

乐乐回家就向妈妈发了脾气，怪妈妈没有检查好。

在不停"背锅"后，妈妈决定按照"自主性成长法则"，让乐乐学会自己承担责任。

于是，在一个周末的晚上，妈妈向乐乐宣布："从今天起，你要自己收拾书包，我不再替你收拾，也不会替你检查。"

乐乐有些不解："为什么让我自己来？"

妈妈回答："因为晚上我敷面膜，要好好睡个美容觉。"

见妈妈真的甩手不管，乐乐只好自己收拾起书包来。

路过妈妈房间时，乐乐还故意探头看妈妈在做什么，看到妈妈一边敷面膜一边看电视剧，她嘟着嘴抱怨："妈妈，你真够懒的，也没什么事，还不帮我收拾书包。"妈妈则假装没听见。

几天后的一个早上，数学老师打电话找到乐乐妈妈，说乐乐忘记带数学课本了，那意味着一整天她在数学课上只能发愣。乐乐妈妈思索了一阵，最终放弃了给孩子送数学课本，并且告诉老师："是她自己粗心大意，您该批评就批评。"

数学老师顿时明白了妈妈的意思。那一天乐乐回到家，明显不太高兴，说忘了带数学课本，老师当众批评了她。老师说，没有带课本的学生就像没有枪的士兵，上了战场只能被敌人活活打死。

此时，妈妈及时发挥了共情："那是挺难受的，有点丢人，下次咱们可要注意。"

之后很长时间，乐乐都没有忘记过带东西。后来有一次她忘记了带舞蹈鞋，回家后也不再埋怨父母，而是说："我今天忘带舞蹈鞋了，真糟糕。不过我管其他班的同学借了一双，所以没有耽误舞蹈课。"

乐乐忘带舞蹈鞋了，她不仅没有抱怨妈妈，还自己想到了解决办法。

孩子让父母做"背锅侠"，这恐怕是很多父母深恶痛绝的事情，但也是孩子身上经常出现的情况。

就拿收拾书包来说，在孩子初入校门的时候，父母普遍担心孩子不会收拾书包，于是常常代劳，时间一久，孩子便会把收拾书包视为家长的责任。故事中的乐乐就是这个样子。

所以，**懂得放手的父母，更容易教育出自律的孩子；而父母管得越多，孩子越容易推卸责任**。现实中，绝大部分父母担心孩子把事情搞砸，都会忍不住为孩子代劳，结果就是，孩子理所应当地享受一切，并且理直气壮地指责父母。

父母早点让孩子承担责任，孩子才不会推卸责任。父母应该让孩子知道，他们的事情是他们自己的责任，而非父母的。父母不仅有权放手不管，而且同样有权利将时间精力花在自己身上。这样既给孩子创造锻炼自律的机会，也表达了父母的真实诉求。

细节26

成绩不佳——如何激发孩子的上进心

星期五的下午，小学生李晶垂头丧气地走出校门，他背后的书包好像有一只大象那么重，他越走越吃力……

原来，今天老师发了语、数、英三张单元测试卷，李晶的试卷没有一张是及格的。

李晶眼神闪烁、惴惴不安地把不及格的三张试卷递给了父亲，父亲看了一眼，然后问李晶："儿子，你对这个成绩满意吗？"

李晶摇摇头："不满意，爸爸。"

"那很好，儿子，继续加油。我以前的考试成绩也是从不及格到及格的。"父亲在成绩单上签了字，而且并没有批评他。

如果孩子想成为雄鹰，即使他们在一段时间内表现得像只火鸡，父母也大可不必担心，孩子终究能学会怎么去飞的。但是，如果孩子表现得像火鸡，却以为自己已经是雄鹰了，那么他们永远也离不开地面。正因如此，李晶的爸爸在知道儿子不满意自己的成绩时，很痛快地在成绩单上签了字，因为他知道，孩子有取得好成绩的意愿，并且对目前的成绩不满意，这样的孩子终究会自己找到办法的。

临近考试的时候，不少父母会这样抱怨："我女儿数学不好，我们跟她老师谈过，也每天晚上都会辅导她，但她的数学成绩就是上不来。一年级就这样，到了以后肯定会更糟，真让人发愁。"

很多父母都关心孩子的成绩，但有时，父母的关心很容易变成焦虑，逼迫孩子做他们不愿意做的事情。考试成绩同样是孩子自己的事，想要解决成绩问题，关键还是在于孩子。是孩子坐在教室里，是孩子在听讲，是孩子去考试，然后也是孩子取得成绩，如果父母想让孩子的成绩好一些，那就要让孩子承担起这份责任，这一点非常重要。

孩子成绩的好坏，会影响家长的情绪。因此，当孩子从学校带回各科成绩参差不齐的成绩单，父母应该对好成绩兴高采烈，而漠视不太好的科目。对话可以是这样的：

爸爸："美术成绩太棒了！你一直都画得很好，对吧？"

孩子："是的，我很喜欢美术课。"

爸爸："体育也不错。嗯，数学有点差，你打算怎么解决数学的问题？"

注意，在谈论成绩不好的科目时，要用一种非情绪化的，但是充满关怀的方式，比如：

"关于语文，你有什么计划吗？"

"你对数学成绩有啥想法呢？"

实际上，成绩差只是一种表现，并不是问题，而背后导致孩子成绩差的原因才该引起重视。孩子成绩不好，可能是因为自卑、焦虑、抑郁、逆反心理、学习障碍以及其他原因，有时候，学习态度也会导致成绩下降。针对不同的原因，父母要有不同的反应。

给孩子写信是一种有效的沟通方式，尤其是在父母判断谈话会谈崩的情况下。写信最大的好处在于，孩子在急着反驳父母之前，有时间先进行思考。而父母可以参考下面这封信，以求达到良好的沟通效果。

亲爱的儿子：

我知道，你不喜欢讨论你的成绩，这样你可能觉得我只关注成绩，而不在意你。而妈妈想要告诉你的是，我之所以期望你学业有所进步，正是因为我爱你，你对我很重要。

老实说，对你有所期待，也并不是件容易的事。这意味着，我必须让你自己负起学习的责任，这给我增加了很多额外的工作。而且，你时不时就会惹些麻烦，以此考验我是不是真的爱你、真的相信你。比如，你跟我顶嘴，是想确认我是否真的爱你；你故意上学迟到，是对我的消极抵抗。是这样的吧？

每次你因为成绩不佳而必须承担一些后果时，我心中也很痛苦，痛苦的程度一点都不亚于你。就在昨天，你拿回了一张成绩单，上面的成绩远低于你的真实能力。当然，如果我们为这成绩找个借口，比如你的年龄、你的朋友，甚至是你的老师，都能让我们感觉更好一些。但我如此爱你，所以我不能这样做。

我认识很多生活幸福的成年人，他们在你这么大的时候，也遇到了很多挑战，承受了很大的压力，但他们没有退缩，现在都成了有教养、有成就的人。所以，如果你认真思考一下自己的学业，一定可以想出解决问题的办法，我和你爸爸会在周五晚上与你讨论这个话题，我们希望听听你的计划，也希望能给你提供帮助和支持。

我们知道，成绩单可能令你非常伤心，我们也曾做过学生，我们深知那种失望的感觉。但无论发生什么，我们永远爱你。

你的妈妈

父母通过写信、留言本等方式与孩子沟通，处理问题，有几个优点。

首先，它给了父母和孩子冷静下来的时间，能够以客观的态度看待这一情况；其次，这让家长有时间去咨询专业人士，或寻求其他帮助，以便事先想好如何与孩子讨论这个问题。此外，写信可以大大减少父母与孩子在成绩问题上的正面争辩。而最重要的是，孩子能细致地了解到，父母对自己的爱和支持。

第十章

培养孩子主动沟通的能力

孩子自主性成长，离不开与人沟通、与人交流。有些孩子不懂得情绪管理，有些孩子遭受不公平待遇时不懂得如何反抗，有些孩子不懂得如何表达心中的不满，有些孩子不懂得讲礼貌、爱顶嘴。根据自主性成长法则，父母可以让孩子自己选择喜欢的活动与朋友，自己承担选择的后果；而在孩子失败、自卑和发脾气时，父母可以通过情感引导，通过自己的亲身经历与感受，引导孩子自己尝试不同的解决办法。

细节27

在幼儿园交朋友——孩子社交能力的雏形

有一天，舟舟的爸爸发现，4岁的女儿舟舟与邻居6岁的大哥哥在一起玩。

爸爸问："女儿，你为什么不找你幼儿园的小朋友玩，而老是缠着大哥哥一起玩呢？"

女儿舟舟说："大哥哥可以保护我呀，这样其他小朋友就不敢来欺负我了。"

爸爸："哦，原来是这样，但是大哥哥不能跟你去幼儿园，你去幼儿园时，他就不能保护你了。你最好在幼儿园里找一些朋友，你想找男孩子还是女孩子交朋友呢？"

舟舟："我要找个力气大的男孩子。"

爸爸："太好了，我也是这么想的，上次你们老师推荐了一个你们中班的男孩子，他叫宇飞吧，我觉得不错。这个周末我想邀请他和他的父母到我们家里做客，你可以好好跟他交朋友，你觉得怎么样？"

舟舟："太好了。"

就这样，舟舟的爸爸给女儿找到一个有安全感的"好朋友"。

父母最容易犯的错误之一，就是在孩子的交友问题上争夺控制权。父母与孩子的这种战争，父母必输无疑，尽管我们以成年人的视角，认为一些朋友对孩子并不适合，但如果我们直接禁止，孩子不仅不会听我们的，反而会背着我们与那些孩子交往得更起劲。所以，父母更应该保持沉默，转而专注于自己能够控制的领域。

比如，我们可以给孩子介绍一些品行良好、性格开朗健康的同龄人，给他们制造相处的机会，但同时，我们也不要制止孩子和那些我们不认同的朋友交往。

孩子总有一天会长大，他们成人后的所有沟通能力：怎么交到朋友，怎么拒绝别人，与朋友发生了矛盾怎么办……这些孩子必须懂得的事，并不藏在高等学府的图书馆里，而是在孩子上幼儿园时，就都已经学会了。在那些散落满地的积木里，在和小伙伴看似毫无章法的游戏中，孩子们却学到了很多宝贵的事情：

> 打人和骂人无法解决问题；
> 要保护好自己的东西，同时不能侵犯别人的东西；
> 人与人之间存在着竞争；
> 伤害了别人要说"对不起"；
> …………

孩子们会交到朋友，这是好事，也是件很重要的事。但有时，父母难免对孩子选择的朋友感到担忧。其中的理由有很多，也许是孩子的朋友行为粗鲁、爱骂人，或者喜欢讥讽别人。总之，父母认为那些是孩子的"坏"朋友，会带坏自己的孩子。

当父母试图改变孩子的人际关系时，很可能也破坏了父母与孩子之间的关系，孩子会反抗父母的要求和命令。父母禁止孩子与某些朋友一起玩，是因为父母担心这些朋友的态度、思维或习惯会影响到孩子，但同时，也是在告诉孩子：父母认为孩子不会独立思考。

父母这样做的结果，反而增加了这些朋友的吸引力，让孩子从中捕捉到了一种危险的兴奋。所以，我们不妨不去禁止，也不妄图改变，而是将自己的观点告诉孩子，比起命令，孩子们是无法反抗想法和观点的。实际上，如果我们与孩子的关系一直是可以交流的状态，从长远的角度来看，他们通常会选择我们喜欢的朋友。

当父母知道孩子要和一些"坏朋友"打交道时，父母可以这样对孩子说。

爸爸："很好，我正希望你能给他们做出榜样。"

孩子："榜样？"

爸爸："是的，我认为这些孩子需要你在他们身边。在某些方面，你也许能给他们带来很好的影响。"

孩子："你觉得他们不好？"

爸爸："这不是我觉不觉得的问题，我只是对他们有些担心，他们的未来恐怕没办法像你那么顺利。"

听了父母这样说话，孩子会思考他的朋友们到底有什么问题，为什么他们的人生不会顺利。

当我们真正认识了孩子的朋友时，我们可能会感到惊喜，因为有些孩子能从别人身上看到父母所看不到的优点。当我们开始了解孩子的朋友时，我们也会更多地了解我们的孩子，了解他们为什么会被某类人所吸引。

细节28

乱发脾气——教孩子情绪管理

夏季的一天，蝉鸣此起彼伏，4岁的女儿朵朵在客厅里玩气球，妈妈在厨房做家务。

"啪"的一声，朵朵的气球炸裂了，朵朵坐在地板上，蹬着腿发起脾气来："妈妈买的气球太差了！"

妈妈回到客厅看了一眼，"哇——哇——哇！"女儿朵朵尖叫着，一边用拳头砸地板，一边乱踢乱蹬，她希望妈妈给她买新的气球。

"你是想在客厅，还是回自己房间？"妈妈的语气变得强硬起来。

可是，女儿躺到冰箱旁边，一边叫着，一边用头撞冰箱的门，想以此强调自己的立场。

"我现在就送你去你房间。顺便问一下，你是想开着灯还是关着灯？"妈妈果断把女儿抱回房间。

朵朵到了房间里，再也没有发脾气，因为妈妈不在了，发给谁看呀，新的气球肯定没有了。

父母不是活该被孩子折磨的，所以，我们要把孩子从我们所处的地方移走。但与此同时，我们要给孩子一些选项，这样他们才会跟随我们的思路。当他们的情绪平静下来后，再允许他们回到我们身边来。

在亲子交流中，有两个消息。

好消息是：孩子发脾气一般会有预兆。

他们会皱起眉头、脸通红、攥紧拳头，有时候，嘴唇还会断断续续地抽动，就像是在做某种热身运动。这些预警信息给了我们几秒钟的时间，在他们张开嘴发出尖叫之前，让我们有时间赶紧捂上耳朵。

每个孩子都有自己发脾气的方式。有些孩子会把东西摔在地上，或"扑通"一声坐在地上；有的孩子会像在飓风中抱紧树干的路人一样，一直抱着我们的腿；还有的孩子会像表演传统杂耍那般，用拳头猛砸地板。

坏消息是：无论我们做了什么，孩子都有可能发脾气。

每个孩子都会时不时地发脾气。不幸的是，很多家长无法接受孩子发脾气，对这件事厌恶又惶恐。于是，为了防止孩子发脾气，父母们用尽了各种办法，但无济于事。

对于孩子发脾气这个问题，我们要记住两点：

第一，再乖巧的孩子，也可能会发脾气，只有精神受过创伤的孩子才没有脾气。

第二，孩子只会在有效果的时候发脾气。当他们自己在房间的时候，通常不会尖叫或砸地板，只有当父母成为观众时，孩子才会开始表演。

明智的父母，会让孩子尽情地发脾气，因为反正也无法阻止。然而，这不代表我们就只能干看着，我们改变不了事情的发生，却可以改变这件事发生的地点。

根据"自主性成长法则"，父母不能失去镇定，不能对着孩子大吼或说出"不许哭"等威胁的话。处理发脾气的孩子时，父母需要一直保持平和的声音，而且不会试图去规劝表现不良的孩子。父母此时要传递的信息是："只要不让我听见或看见，你这种行为是没有关系的。"

一些父母担心，孩子在发脾气的时候会伤到自己，其实，当没有观众的时候，只有极少数的孩子会发生暴力事件。父母如果真的担心，不妨事先做些防护处理，比如把危险物品和贵重物品移走。

细节29
哭不能解决问题——教孩子正确表达诉求

早餐过后，4岁的华华盯着书架上的饼干盒，不禁流出了口水……

"妈妈，我想要一块饼干。"华华明知道在这个时间段不能吃，但他还是向妈妈提出要求。

"你知道在两餐之间是不能吃饼干的，现在你可以玩一会儿。"妈妈回答。

"但是，妈妈，我想要一块，就一块。"华华继续恳求道。

"午饭时你可以吃一块。"妈妈回答。

"我不想等到午饭时吃，我现在就想要一块。"华华准备要爬上书架去拿。

"你不能吃。"妈妈把饼干盒拿过来，锁到抽屉里去了。

"哇——"华华大声哭出来，眼泪像断线的珠子一样从眼里滚下来。

接下来，妈妈该怎么办？

华华用哭诉的方式，不断向妈妈提出诉求：我要一块饼干。

听着儿子华华没完没了的哭声与抱怨，如果妈妈屈服了，很不情愿地拿一块饼干出来，那么，孩子就会得到一个重要信息——"哭诉有用"。

父母可以采用多种方式来应对孩子的哭诉。比如，父母可以对孩子说："等你不哭之后，我很乐意跟你谈一谈。"

父母要先让孩子停下哼哼唧唧的哀求声，然后再讨论他是不是应该得到一块饼干。然而，很多孩子很固执，依然哭诉不停。这时，父母还可以通过无视他们哭诉的方式赢得斗争。

不过，父母在采用这种方法之前，最好跟孩子解释一下。

妈妈可以对孩子说："如果爸爸和我不理你，那不是因为我们听不到你说话。我们当然听到了，只是我们不希望听到你用那种方式说话，这就是我们不回答你的问题的原因。如果你能好好说话，就像我们说话的语音语调一样，我们就会回答你。"

孩子在哭诉一阵子，发现"无人问津"之后，孩子就会意识到：他们只有好好说话，父母才会听他们的话。

细节30
跟霸凌说"不"——学会认同自我和对抗恶意

星期一放学的时候，一年级的小个子王猛收拾课本放进书包，准备离开教室。这时，班上有两个高个子的同学把他围起来。

"王猛，你留下来，帮我扫地！""对，对，你不留下来也可以，但要请我们吃零食。""要不然我们就请你到厕所里去喝尿。"两高个子同学一阵恐吓，把王猛吓得直哆嗦。

王猛可不想被他们逼着去又脏又臭的厕所喝尿。于是，他很不情愿地拿起扫把开始打扫教室。今天根本不是王猛值日，而是这两个高个子同学值日。没想到他们为了偷懒，竟然欺负到王猛的头上，让王猛帮他们扫地。

过了一会儿，王猛打扫完教室，弄得满头汗、灰头土脸。

"不准告诉你爸爸妈妈，也不准告诉老师。不然我们狠狠揍你。"那两个高个子的同学觉得吓唬的效果不错，于是又围过来吓唬王猛一通。

"不会的。"王猛赶紧拎起书包，跑掉了……

以上故事中，两个高个子的同学联合欺负小个子的王猛，而王猛选择了逆来顺受。自从有了学校那天开始，就有了霸凌：有的同学被嘲笑，有的同学被群殴，有的同学被无理谩骂，有的同学直接被当作"奴隶"驱使。现在，网络的出现，不仅让霸凌多了一种途径，还让暴力的程度越来越严重。

这些被霸凌的孩子都有一个共同点：胆小、内向，或外表与别人不一样，甚至有生理缺陷等。而对于10岁以下的孩子来说，他们很难理解这份与众不同，于是用嘲笑与排挤来表达对于同龄人与众不同的不适应。所以，这个年龄段也是霸凌的高发期。

很多父母在孩子遭遇霸凌时第一个想到的，是去改变孩子所处的环境，希望环境能对孩子友好一些。当然，也有更合适的做法，就是让孩子学会适应环境。我们当然心疼孩子，但是我们更应该帮助孩子成长，我们要帮助孩子让他们的内心变得强大起来，而不是要改变孩子生活的世界。

父母可以用这样的话鼓励孩子："孩子，与众不同不是你的问题，有人欺负你，是他们做的不对，他们还不够成熟。幸运的是，这只是你人生中的一个阶段。"

遭遇别人的嘲笑给孩子提供了成长的机会，他因此学会了如何应对，也学会了如何解决问题。如果孩子很早就能学会解决这类问题，毫不怀疑地欣赏自己的"与众不同"，那么成年之后，必然会变得更加坚定，极少被他人影响。身为父母，我们可以这样告诉孩子："宝贝，人的一生中都会遇到几个鄙视你的人。你很幸运，现在就学会了怎样对付这种人，很多人成年之后才了解到怎样做。希望你经历了这件事后，更有智慧，更善于思考，也更能理解他人。"

霸凌，不仅出现在每天真实接触的人群中，在相对虚拟的网络世界也同样存在。

一些孩子经常通过手机、电脑和学习机上网，加好友，聊天，结果遭遇了"网络霸凌"。根据统计，很多中小学生曾遭遇过网络霸凌，他们在班级群里、论坛上或其他社交媒体，被人恶意评价，甚至是诋毁谩骂。

很多父母意识不到网络霸凌的存在，毕竟那些霸凌者很可能不是父母与孩子相识的人。父母需要观察孩子的状况，如果孩子出现沮丧、难过、愤怒、默默流泪等反常现象，我们不妨将网络霸凌作为一个猜想的方向。

当孩子遭遇网络霸凌，父母能做的最重要的事，就是聆听，并让孩子感知到自己的关心。有智慧的父母会先饱含共情地倾听，但不会急着解决问题。

如果孩子因为受到的伤害太大，会对相关话题闭口不谈，父母可以采用陈述情况或提出问题的方式来接近孩子，帮助对话展开。王燕的爸爸知道女儿在游戏群里被其他人说是"低能儿"之后，开始帮助女儿走出阴影。

爸爸："我听说，有些人在网络上对你出言不逊。他们那样说你，我简直不能想象你会有多难受，我真是太难过了。这件事持续多长时间了？"

女儿："可能有两个月了。"

爸爸："你一定感到被一些人背叛了，是吧？"

女儿："有些人一开始就不是我的朋友，但有些我本以为是朋友的人，也在四处传播。我不是什么低能儿。我玩我的游戏关他们什么事。"

爸爸："你看起来真的很生气。"

女儿："是的。他们说的都不是真的。"

爸爸："我不想看到你这么痛苦，我很想帮助你。现在，你需要我做些什么？"

女儿："不需要，我正想着如何提高我的游戏排名，好堵住他们的口。"

爸爸："这是个好主意。不过，我认为，网络上的东西不值一提，有时候我看着手机发现有很多垃圾信息，说哪里又发生灾难了，哪里又出现危机了，弄得我的心情很烦躁。后来，我关掉手机一周，发现心情好多了。你可以尝试一下。"

女儿："那我试试吧。"

在以上对话中，王燕的爸爸一步步引导女儿关掉手机、放弃游戏，让那些网络上的"玩家"没有机会对她进行语言攻击了。

无论是校园霸凌还是网络霸凌，父母都要遵循以下几种解决办法：

第一，避免用虚伪的肯定或虚假的赞扬来帮助孩子树立自信。

第二，与你的孩子一起努力，让孩子能够以不同的方式处理人际关系，从而减少类似情况的发生。

第三，孩子可能会一上来就提出换学校，这是可以理解的。有时情况非常糟糕，你也确实需要把孩子转到另一所学校。但请记住，转校是最后的避难所，只有在情势危急、迫不得已的情况下才能这么做，因为霸凌情况在不同的环境也可能存在。

总之，当孩子遭遇霸凌，父母最该做的，是要帮助孩子渡过难关。只有父母提供了帮助，孩子才能学会如何应对。

细节31
撇嘴、跺脚、踢门——如何正确表达自己的不满

很多孩子在和父母交流时，会用一些动作表达自己的不满，比如翻白眼、捂耳朵、厌烦的表情、跺脚、摔门、嘴里发出不屑的"切"声。这些非正式语言的动作，总会让父母很生气，也很受伤。父母知道，孩子正通过这些肢体语言表达着不友好的信息，但具体表达的是什么，父母却并不清楚。肢体语言是具有模糊性的，而这种模糊更容易让父母浮想联翩，进而加剧愤怒。

理解孩子的肢体语言，对整个亲子关系都非常重要。当女

儿向妈妈投来冷冰冰的眼神时，她是什么意思？是对自己感到失望，还是在抱怨妈妈不公平？对于这些，父母们总是拿不准该怎么解读，而此时我们最好的回应，就是说一些该说的话，然后走开。

什么是该说的话？让我们看看下面的对话。

妈妈："我发现，有时候我跟你说话的时候，你会冲我露出一种怪怪的表情。我知道，有些孩子做这个动作，是因为他们不敢直接表达伤心或失望的感受，而有些孩子是因为生气才会做这个动作，还有些孩子，是因为讨厌妈妈。所以，你做这个动作，是想表达什么吗？"

女儿："没有。"

妈妈："没关系，你可以慢慢想一下自己做这个动作的原因。如果你肯告诉我，我一定会好好听你说。"

好了，就此点到为止，妈妈这时可以走开，看看接下来会发生什么。

很多孩子还喜欢噘嘴，噘嘴是"不高兴"的非语言表达方式之一，孩子通常会用这种方式提示父母与自己说话。当看到孩子噘嘴时，我们需要这样说："看起来你现在的情绪有些低落，等你想到用合适的语言表达你的情绪时，就来跟我说说吧，我会等着你。"然后离开，留给孩子思考的空间。

孩子不友好的肢体语言，不会对我们的生活产生太多的影响，但是，却应该引起我们的重视，尤其是在孩子长期如此的情况下。首先，我们要思考自己的行为。孩子在冲我们翻白眼之前，我们做了什么，说了什么？我们批评孩子了吗？翻白眼算是孩子给出的反击吗？当我们与孩子的情绪都冷静下来后，我们可以尝试寻找问题的根源，如果我们找不到问题的根源所在，可以引导孩子自己说出来。

如果孩子长期做出不友好的肢体动作，以至于我们能成功地预测它何时会发生，我们可以先发制人："我有件事想和你说，当我说完的时候，你可能会用你擅长的翻白眼方式回答我，现在，你可以开始准备翻白眼了。"孩子都有逆反心理，他们一般不愿意做我们允许他们去做的事，这样一来，孩子翻白眼的概率就降低了。

当我们确定孩子是对我们不满意时，我们可以给予他们一个选择范围：从无视我们到让我们走开，从翻白眼到厌烦的目光，都是被允许的。这等于给了孩子一些控制权，孩子可以表达自己的不满情绪。

细节32

弟弟踢了我，我也要踢回去——学会原谅他人

一天晚上，在睡觉之前，凤凤和俊俊姐弟俩在床上玩耍。弟弟俊俊愉快地翻了个跟头，结果不小心踢到了姐姐的头。姐姐凤凤马上站起来，举起拳头要打弟弟。

在一旁收拾衣物的妈妈马上出手制止了："不准打弟弟。"

"哼——"姐姐虽然手上停了动作，心里依然气不过。

妈妈问姐姐："你是不是很不服气？"

姐姐点头："凭什么弟弟踢了我，我却不能踢回去？"

妈妈告诉姐姐："你像弟弟这么大的时候，也经常不小心踩到我，我就没打过你，因为你还小，根本不懂事，身体有时候还不受控制呢，所以肯定不是故意踢我，我这么一想就原谅你了。我希望你也能这么跟弟弟相处。当然，他要是长大了还踢你，那你跟他算账，我一点意见都没有。"

"哦，原来是这样……"姐姐听了，果然消了气。

故事中，妈妈的话传递给了姐姐凤凤两个信息：一是她明白了弟弟并不是故意攻击自己；二是对于这种无意的冒犯，应该抱着原谅的态度。同时，妈妈转身对弟弟说："我知道你不是故意的，但姐姐确实被你踢到了，想一想，你该怎么做呢？"弟弟马上说："姐姐，对不起，我不是故意的。"这个举动，让姐姐与弟弟都感觉到妈妈不仅爱自己，还很公平。

而更关键的是，这位妈妈为孩子的原谅划定了一条边界：对于那些无心造成的伤害，我们可以考虑原谅；而对那些故意的伤害，我们可以予以还击。

细节33
打断别人的话——培养孩子懂礼貌

周日的晚上，刘勇的妈妈正在与上司通话，可是6岁的儿子刘勇却在不停地打扰她。

"是的，报告已经做完了……别揪我的胳膊！不好意思，我是在说我的孩子。现在看来，第二季度的销售量明显增加了……别摇晃我！孩子，你的问题待会再说！"刘勇的妈妈说话断断续续。

电话那边的上司可能会想：她为什么不管一下她的孩子呢？她的能力是不是有问题？连管个孩子都这么吃力，还能不能给她委以重任？

其实，刘勇的妈妈可以对上司说："对不起，过一会儿我再打给您，详细向您汇报。"暂时挂断电话，然后，以合理的方式解决孩子的问题。妈妈可以看着刘勇说："宝贝，我现在需要你回房间待上五分钟。五分钟之后你再到这儿来，但是如果我还在打电话，你就不要跟我说话。"

如果刘勇不愿意，那么妈妈就必须更认真地与儿子沟通，教会孩子懂礼貌。

妈妈："亲爱的，我发现每次我打电话的时候，你都想跟我说话。你是有什么想法吗？"

儿子："我想让你看我写的这篇笔记。"

妈妈："好的，我来看一看，字迹很工整。但是亲爱的，我一次只能做一件事。当我在打电话时，我只能看一眼你的笔记，但是如果我没在打电话，我就能好好地阅读它。如果让你选，你希望我怎么做？"

儿子："我希望你好好地看。"

妈妈："那是什么时候呢？"

儿子："你没在打电话的时候。"

妈妈："好的，一言为定。"

父母在谈话时，往往会被孩子的插话和行为打断，这时父母会很生气，忍不住教训孩子："打断别人的谈话，是很不礼貌的行为。"但事实证明，这样的说教，是毫无效果的。在以上故事中，刘勇的妈妈通过与孩子商量，让孩子自己选择交流的时间，成功解决了被孩子"打断交谈"的问题。

细节34

无礼顶嘴——如何处理与父母的冲突

10岁的王艳正在读小学四年级，她的学习成绩不怎么样，但是与父母顶嘴的水平却很高。

一天，王艳的妈妈发现女儿的书包里有口红、化妆品、化妆盒这些东西，不禁问道："你最近要参加歌唱比赛吗，为什么书包里有这么多用来化妆的东西？"

王艳不耐烦地说："你为什么总管我？"

妈妈生气地说："我不管你谁管呀？这些化妆品被没收了。"

王艳赶紧把书包拉链拉上："我凭什么要听你的？！"

妈妈："因为我是你妈！"

王艳："你太老土了！为什么只有参加歌唱比赛才能化妆，平常不能化妆吗？"

妈妈："小小年纪，你化妆给谁看呀？！"

王艳："那你天天化妆又是给谁看呀？！"

妈妈涨红了脸，握紧拳头，继而与女儿王艳爆发了一次激烈的争吵。

对付爱顶嘴的孩子的关键，是让孩子离开，直到他们能够平和地讲话。

下面我们来看看，李华的妈妈是怎样对付无礼的 9 岁儿子的。

儿子："我凭什么要听你的！"

妈妈："儿子，没有人能让你听话，我认为我们之间都不想听对方说话。所以，你可以去别的地方待一会儿吗？"

儿子："我不去别的地方，这里也是我家，我住在这儿。"

　　妈妈："如果你平静下来，我很乐意听你说话。但我认为如果你到其他地方去，你会更高兴一些。"

　　儿子："我说什么你都不听！"

　　妈妈："我认为如果你现在到其他地方去，你会更高兴一些。"

　　儿子："这不公平！"

　　妈妈："你会这样想，我很难过，但我认为如果你现在到其他地方去，你会更高兴一些。"

　　儿子："烦死了，老是叫我去其他地方！我现在就走了！"

　　对于无礼的孩子，父母不断重复要表达的话，会让孩子忍不住从我们身边离开，去找地方恢复平静。等到孩子能好好说话时，父母需要试着找出孩子无礼的原因，给予情感引导。

　　此时，妈妈可以这么说："我发现，当我让你做事的时候，你总是顶嘴。我不清楚你想告诉我什么，你是想告诉我你不情愿，还是你想自己做主？还是别的什么原因？"

　　父母这样的表达，通常会开启一场讨论。而在讨论期间有一点非常重要，那就是父母在倾听孩子讲话时，不能有防卫或评判的心态。讨论结束后，父母还要说："谢谢你告诉我这些。"这将会让孩子继续思考自己的言行举止，帮助他们在未来找到更好的语言来表达不同意见。

细节35

从自卑到自信

在阳光斑驳的树下，5岁的小女孩欣欣正在收集落叶。

"落叶公主，看过来，妈妈给你拍一张。"妈妈摆弄手机要拍照了。

欣欣一边用树叶挡住脸蛋，一边朝着妈妈大喊："不许给我拍！我不适合照相！"

妈妈以为欣欣只是一时不高兴，没想到，后来欣欣只要发现妈妈在给自己拍照，就会很生气。小孩子当然有可能不热衷照相，但是"不适合照相"又是什么意思呢？

妈妈问欣欣："你为什么不喜欢妈妈给你照相呀？"

欣欣向妈妈抱怨说："我自己长得不漂亮，眼睛小小的，鼻子低低的，皮肤又有点黑。拍出来照片就像丑小鸭一样。"

妈妈明白了，欣欣是为自己的外表感到自卑，所以拒绝照相。

欣欣的父母从没有评论过孩子的长相，但孩子却不难从其他途径获得信息。比如，孩子发现那些常常被人们夸奖"好看"的别人家的孩子，长得跟自己很不一样，孩子看到广告里、画报上的女孩，都有着一张"花一样的脸蛋"。久而久之，孩子自然会感到自卑，而孩子在表达自己的自卑时，会用悲伤、愤怒与拒绝等各种方式。

孩子的性格各不相同，对于高敏感的孩子来说，能引发他们自卑的因素可能更多一些。调查显示，几乎所有孩子都有过自卑感，他们会为自己的长相、成绩和出身等感到自卑。

有一年秋天，三年级一班的李洁发现班上新来了一位舞蹈特长生，她是个漂亮的混血女孩——米雅。

上课的时候，李洁偷偷地观察米雅，发现她的脸蛋像玫瑰一般娇艳，她的眼睛像蓝宝石一样闪烁，她的鼻子立体精致又可爱，她的嘴唇如樱桃般鲜红。米雅的容貌足以秒杀班花、校花，长相平凡的李洁发现自己不能太靠近她，要不然反差太大，让人很难受。

放学回家后，李洁对妈妈说："妈妈，我跟那个新同学站在一起时，感到难为情。"

一开始妈妈还不明白女儿口中的"难为情"是什么意思，后来仔细一琢磨，发现其实就是女儿李洁产生了自卑感。因为容貌上不如对方漂亮，所以女儿感到了自卑。但有意思的是，后来得知，那位漂亮的混血女孩米雅也是自卑的，因为她的成绩不太好。

当孩子自卑时，我们仅仅靠讲道理是不管用的，而是必须要先明白他们是在自卑，然后，弄懂导致他们自卑的原因到底是什么。

我们可以这样进行情感引导："你是因为什么事情不高兴呢？我很想帮你做些什么，但我并不知道你需要哪方面的帮助，希望你能告诉我。"这么提问，能让孩子感觉到父母是真的想了解自己的苦恼，于是展开思考，考虑具体需要父母帮自己做什么。而凭借孩子的回答，我们知道了他们自卑的真实原因。

在弄清孩子是为何自卑后，父母可以按照情感引导的三个步骤，认同孩子的自卑感，加入孩子的行列，讲述自己自卑时的经历和感受，与孩子产生共鸣。父母可以告诉孩子："你的那些好朋友，并不都是外形漂亮、成绩拔尖、运动细胞非常发达的孩子，那你为什么会选择他们做朋友呢？"孩子或许会说对方性格好、活泼、说话有意思等。这时候父母可以对孩子说："你说得没错，所以，别人喜欢你，很可能也是因为你有着独特的闪光点，而与长相之类的原因没关系。"

父母用这种对话，可以引导孩子淡化那些引发自卑的因素，让他们逐渐变得自信起来。

第十一章

培养孩子主动适应社会的能力

　　根据自主性成长法则，孩子是主角，父母要让孩子自己去体验社会生活，学会与人相处、学会尊重人、遵守社会公德，让孩子承担自己不当行为的结果。

　　当孩子遭遇挫折时，父母不用吼叫、贬低与威胁，只需通过情感引导与积极的心理暗示，就能让孩子意识到那是自己的问题，应该学会自己解决。下面这些细节，可以供父母参考。

细节36
如何教孩子学会适应规则

　　3岁的悦悦上幼儿园一周之后，遭到了很多老师的投诉："悦悦吃饭不排队""悦悦不参加集体活动""悦悦乱涂墙壁"……

　　自从学习了自主性成长法则，悦悦的父母开始在家里模拟幼儿园的活动，教孩子学会适应规则。

在家里吃饭的时候，妈妈不再给悦悦打饭了，而是要他和爸爸、姐姐一起排队来领饭。悦悦不排队领饭，只能自己承担饥饿的后果。

周末的时候，妈妈带一家人去公园玩气泡，可是悦悦不愿意参加，于是妈妈就让他待在小帐篷里。

在画画的时候，全家人都在纸上画画，妈妈发现悦悦要到墙壁上乱画时，果断收走了他的画笔，让他眼巴巴地看着大家画画……

经过一段时间的训练，悦悦开始慢慢适应幼儿园的这些规则。

父母既要让孩子自主性成长，又要让孩子学会适应规则，关键在于，父母设立的规则或界限要合理。

父母永远不可能让一个婴儿不啼哭，或者不啃自己的小手。同样，父母也无法做到每制定一条规则，都让孩子不抱怨，或者不发脾气。但是，父母能够也必须控制的是，孩子在哪里做这些事情，这就是规则。

当孩子发脾气时，父母可以让孩子进自己的房间。这样做并不是惩罚，而是给予孩子一个冷静下来的机会。如果孩子出来的时候，依然生气或者口出恶语，那就让他们继续回去冷静，具体时间要视年龄而定。

但即便强调规则，父母也永远都不要忘记向孩子展示对他们的爱。当孩子情绪好转，父母需要抱抱他们。

在让孩子遵守规则期间，父母经常会犯以下三个常见的错误：

第一，可能会过于严厉。每个人都有偶尔不高兴或情绪化的权利，孩子更是如此。比如，由于父母的原因导致了孩子晚睡，第二天孩子睡眠不足、情绪不佳。这时，如果父母让孩子"禁闭反省"，就很不公平了。父母要理解孩子，同时也要具有一定的常识。

第二，可能会过于宽容，在发出命令之前，容忍了太多。父母经常纵容孩子"胡作非为"，等父母真的想让孩子做些什么的时候，孩子却不听话，这时父母的状态已经如火山爆发，因为愤怒，父母的语言也就失去了效果。

第三，可能会混淆了愤怒和坚定。意志坚定的父母也可能会大声说话，但他们不会咆哮或尖叫，也很少流露出挫败感。

如果我们的孩子正处于即将踏入幼儿园和小学的阶段，在集体生活中，学习规则对他们是很重要的。有些孩子在这个阶段对规则无法适应，下面这八条规则，特别适用于这样的孩子。

第一，少用命令。永远不要对孩子发出你无法让他们照做的命令。

第二，与其下命令，不如告诉孩子你希望他做什么。

第三，给出完整的"希望"。比如："你现在回你房间去，我会很感激，这样对于你和我自己，都会感觉好一点。"注意，要在表达自己的希望时，告诉孩子你这种感觉产生的原因。

第四，有时在提出要求时，如果期待孩子顺从，那么提前感谢孩子将是个明智的做法。

第五，孩子心情变好后，父母要与孩子谈一谈，了解他们的想法和感受，为以后遇到类似情况积累经验。

第六，用隔离或改换地点的方式解决行为问题，而不是试图阻止孩子的行为。

第七，当事情被很好地处理后，父母可以表现出高兴，而当事情做得很糟糕的时候，要冷静、实事求是，不要过于夸张自己的感受。

第八，如果你面临的问题很棘手，自己不能立即解决，那就等一等，腾出些时间，可以从别人那里寻求帮助和指点，找到一个既有效又适合孩子的方法。父母不用担心孩子会忘记这件事情，孩子的记忆力都很好。

细节37
在公共场所大吵大闹——如何教会孩子举止得当

杨帆的妈妈觉得7岁的儿子实在太顽劣了，经常在公共场所大吵大闹，让人不得享受片刻静谧时光，于是妈妈与爸爸联合制订好了"应对计划"。

第二天，妈妈像平常一样带杨帆去超市购物，身后的玻璃门还没完全关上，儿子就不出意外地变成了一个讨人厌的孩子，他把购物车推来推去，还抢着把很多不用的东西从货架上搬到购物车里……

妈妈轻声说："杨帆，你是想举止得当一些，还是此刻回家，到你自己的房间坐着？"

杨帆用嘲弄的眼神看着妈妈，好像在说："现实点，妈妈。你都已经开了一路车到这里了，还会把我送回家去？"然后，杨帆更加肆无忌惮，开始学着超市工作人员吆喝起来："西瓜特价又包甜""饺子爽口又营养""烧鸡买一送一"……

妈妈给爸爸打电话，当着孩子的面说道："今天在超市感觉很不开心，你可以过来了。"

半分钟后，儿子在目瞪口呆中，看到爸爸从天而降。然后，爸爸拉着杨帆的手说："我带你回家，回你房间去吧，你可以在那儿等妈妈。"

就这样，儿子被爸爸送回了家，送进了他自己的房间。妈妈则在不被打扰的情况下逛超市、买东西。

在妈妈回家后，儿子被允许走出房间。再次看到妈妈，儿子杨帆已经意识到了自己的错误，因为妈妈用实际行动给儿子上了一课：讨人厌的行为是会有后果的。

当然，孩子在公共场所大吵大闹，并不一定要把孩子带回家，或许把孩子带回到车上就已经足够了，但总之，一定要让孩子知道：没有人能在公共场合做出可怕的行为却不用承担后果。

孩子生来就很聪明。在说话还不清晰的时候，他们就知道自己可以在什么时候、什么地点捣蛋。没错，就是超市、购物中心、饭店等这样的公共场所。他们似乎是故意的，专门让我们在众人面前难堪。

孩子之所以这样，是因为他们认为在公共场所，父母不会对自己怎么样。毕竟在那么多人的注视下，父母不好说出什么过激的话。但孩子根本不知道，他们大哭大闹的时候，围观的人其实是在想：这些父母为什么不对这个讨厌的孩子做点什么？！

父母其实不用顾虑太多，公共场所与自己家的客厅没有什么区别。"自主性成长法则"中关键的一点——让孩子承担结果，孩子在公共场所有不当行为，必须承受自己行为的结果，否则我们每次带他们出门，都会变成灾难。

细节38
孩子喜欢打架，怎么纠正

张磊是一个可怜的孤儿，从小由爷爷奶奶抚养。自从上了小学之后，张磊就很喜欢打架，在操场上看见谁不顺眼，就冲过去把别人推倒。

后来，爷爷奶奶去世了，张磊被送到了一个很好的家庭收养。

一段时间后，老师去做家访时发现，张磊这只"愤怒的小狮子"已经变成了一只"温顺的小绵羊"，乖巧地拉着养母的手。

老师问张磊："这些天你还打架吗？"

张磊说："我不再打架了。"

"为什么呢？"老师问，"那不是你最喜欢的吗？"

张磊看了看他的养母，说："啊，因为我痛恨做家务。"

老师不解地看着这个孩子，不明白两件事有什么关系。

张磊解释道："当我打架的时候，我养母说，打架会让家庭的好运气流失，只有做一些家务，才能把好运气引回到家来，我讨厌好运气流失，也讨厌做家务，所以我再也不打架了。"

老师知道，这不是孩子打架父母就用做家务来惩罚这么简单，老师通过与张磊养母交流，发现这样一个真相。

张磊以前喜欢打架，是因为没有获得关心和爱，有深深的被遗弃感，心中充满愤怒，而且每次打架都会受到老师的训斥。现在，张磊有了一个温暖的新家，他打架时，养母不会训斥他，而是温柔地告诉他，家里的好运气会流失，这让他有了危机感，因为他有可能失去来之不易的关心和爱。同时，养母很清楚，要纠正长期养成的坏习惯并不是一件容易的事情，所以，当张磊没控制住自己的愤怒，再一次打架时，养母让他做家务来弥补流逝的家庭好运气，这就给了张磊一次反思和改错的机会。

正是由于母亲的爱和温暖，消除了张磊内心的被遗弃感，所以，他才由"愤怒的小狮子"变成了"温顺的小绵羊"，不再喜欢打架了。

很多孩子打架，是缘于内心的愤怒，当孩子没有感受到关爱，而是被冷落、被忽视，甚至有了被遗弃感，就容易通过打架来发泄心中的不满和愤怒。

父母要纠正孩子的不良行为，首先要弄清孩子的感受：是不是感觉难过、伤心、不满？是不是觉得没有人爱他们？或者是有其他什么感受？总之，我们需要先弄清孩子的感受；其次，让他们明白除了打架之外，还有更好的方式处理与同伴的关系。

细节39
孩子行为太气人，父母怎么办

周一的上午，道路上车水马龙，很多上班族都赶着去上班。

白领妈妈刘燕有一个 8 岁的女儿，早上要送她上学，还要急着去上班。

"都 7 点了，还不起床，自己穿衣服，收拾书包、红领巾与口罩！"妈妈边做早餐边叫起来。

"知道了。"女儿吱一声，又翻过身去睡了。

"你还睡，快点起来，连吃早餐的时间都没有了。"妈妈把女儿的棉被扯了下来。

这时，女儿才磨磨蹭蹭地滑下床，一头奔洗手间去了。

妈妈收拾好东西，准备出门了，可是，女儿还在洗手间里，不知在做什么。

"天啊，你居然蹲在厕所里看书。不用上学了！"妈妈怒火中烧，忍不住发脾气，吼孩子，"你再不来，我要走了，你自己走路去上学。"

女儿这才慌作一团，抓过书包、红领巾与口罩，匆匆跟着妈妈出门。

父母到底能不能发脾气，吼孩子？

父母是人，当然有发脾气的权利，有时也需要吼孩子。比如，小孩子往马路上跑，或其行为即将导致可怕的后果时，妈妈就必须通过吼叫立即制止孩子危险的行为。

但有一种吼叫，是要尽量避免的，那就是崩溃时的怒吼，因为这时妈妈情绪和行为失控，拿捏不好尺度，已经把孩子当成发泄愤怒的出气筒，容易吓到孩子，让孩子晚上从梦中惊醒，甚至留下阴影。

总之，有时候，孩子需要看到父母生气，才会改变自己的行为。不过，父母在决定生气的时候，必须保持冷静，不让自己失控，也不要对孩子横加指责。父母之所以要生气，是因为我们希望借助自己的生气，让孩子明白些什么，从中吸取教训，更好地实现自律，而不是只为发泄自己的情绪。

在发脾气时，父母一定要就事论事，千万不要贬低孩子，大吼大叫。

父母千万不要说下面这样的话：

"你怎么这么笨啊！"

"我给你说了多少次，你就是不听！"

"你告诉我，你到底能不能改正！"

父母说这些话都没有就事论事，而是在贬低孩子的智力，攻击孩子的人品和自尊。这些话，不仅无效，还会激怒孩子。

事实上，如果父母能够理智地生气，往往具有极大的威慑力。一位妈妈在孩子表现出不端的行为时，这样说道：

"我生气了。"

"我很生气。"

"我非常非常生气。"

这位妈妈仅仅是表达出生气的感受，就制止了孩子的不良行为。

第十二章

培养孩子正确的价值观

就像性格能左右人的行为一样，价值观也会影响人的心理和行为。

价值观是人们对待事情的态度，衡量事物的尺度，采取行动的依据。孩子的价值观是随着眼界的拓展、知识的增加，以及经验和教训的积累逐渐形成的。价值观一旦形成，便具有一定的稳定性，形成相应的价值取向和行为模式。正确的价值观蕴含了人的良知、诚实、公平和正义等，能释放出人性的光辉。而不正确的价值观总是压抑人性，会让心理变得扭曲，行为变得不可理喻。

正确价值观的形成与自律能力的形成一样，源自于自主性成长，孩子只有通过亲身的感受和经历、经验和教训，才能变得有主见，能够明辨是非，让未来的人生远离谎言，活得更真实，也更有意义。

下面，我们将通过一些生活细节，探讨如何培养孩子正确的价值观。

细节40
孩子撒谎——教会孩子诚信这一课

诚信，是树立正确价值观的基础。

然而，大多数孩子都会经历一个说谎的阶段，大概是从幼儿园到小学二年级。

父母会对孩子的不诚实感到沮丧，毕竟，谁愿意养出撒谎的孩子呢。

如果有足够的证据，我们自然能当场揭穿谎言，但如果仅仅是怀疑，那么父母所有的询问，就可能成为一种"权威预言的实现"。也就是说，如果在同样的事情上，父母两次错误地责备孩子，孩子就可能用行动去证明，爸爸妈妈说的是对的。孩子甚至会赌气地宣布："既然你们已经认定我会这样了，那我干脆真的这样做吧。"不过，谨慎开口并不意味着我们不能与孩子谈论撒谎这件事，前提是必须用一些健康的方式。

跟孩子讨论与撒谎有关的话题时，我们要确保他们有所思考。我们可以说："你觉得我现在是相信你，还是不相信你呢？"如果孩子坚持说："我说的是真的。"我们也不要用指责的语气。要知道，说孩子撒谎是战斗性语言，孩子为了保护自己会发起反击，坚持自己说的是实话。

如果我们认为一个孩子在撒谎，最好这样说："如果你说的是真的，而我不相信你，这对我俩来说都是件不幸的事。"

"我不相信你。"这几个字是很多父母不敢说出口的，他们担心这样说会破坏与孩子的感情，但这几个字如果运用得当，其实是很见效的。我们并没有把孩子称为说谎者，只是说我们不相信他们，这有利于孩子进行思考。

当然，如果我们有证据证明孩子在撒谎，就不用这么麻烦了，我们可以直接说："你往小伙伴的脸上打了一拳，无论你说什么，我确实看见你打他了。你现在该怎么做呢？"事情已经发生了，现在唯一的问题是，孩子准备怎么办。这个问题同样能让孩子思考。

总体来说，诚信的价值观是通过思考而不是命令传递给孩子的。我们需要回头分析一下，自己给孩子做了什么榜样。我们是不是曾经假装请病假，只为了能在家歇一天？我们或许觉得这些是小事，但它们对孩子的影响，比我们所有关于诚实的说教加起来还要强大。

当孩子确实说了实话时，父母要及时给予肯定的回应，比如对孩子说："我知道，你把这件事告诉我挺困难的，相信你在犯错的时候也很难过。"然后，这件事也就过去了。

很多父母会对孩子说："你最好给我说实话。"孩子说实话之后，父母又惩罚他们。父母觉得这是为了孩子着想，让孩子长长记性，但是，大部分孩子看不了这么长远。如果孩子因为一宗"罪责"而被罚了一个月，下次孩子就不会轻易说实话了。

当孩子犯错后，我们要为孩子感到难过，而不是生气。起到教育作用的，不该是我们随意施加的惩罚，而是事情的后果。

细节41
偷东西——千万不要预言孩子

晚上李敏的爸爸收到了幼儿园老师发来的短信："李敏爸爸，请帮忙问一问孩子，有没有看见一个维尼熊。有小朋友说，是李敏拿了。"

李敏的爸爸觉得"兹事体大"，怎么好好的乖女儿，竟然变成了"小偷嫌疑人"了呢？

爸爸问女儿，女儿矢口否认。最后爸爸在女儿的房间找到了那个维尼熊。

很多父母在发现孩子偷东西时，都会惊讶、愤怒，认为孩子变坏了。其实不然。

在一次家长课堂活动中，家长云集，气氛热烈，台上的老师提出了一个有趣的问题。

"在座的爸爸妈妈们，你们小时候，有没有偷过东西？"老师扫视在座的家长。

老师原以为这是一个隐私的问题，不会有太多人回答，谁知居然有一半的爸爸妈妈都举手说自己小时候偷过东西。

"我在小学二年级时，偷过老师一支红色的钢笔。"一位气质优雅的妈妈说，"我太喜欢那支笔了，后来老师在班上说，谁偷的，就主动交上来，老师会原谅他，当时我羞愧得满脸通红，哪敢交呀，最后偷偷扔进了厕所里。"

"我小时候经常偷我爸爸的钱。"一位爸爸说，"但我不敢偷我妈妈的，因为她的钱有数，爸爸的钱没数，偷点零钱，他发现不了。"

这些曾经偷过东西的爸爸妈妈都表示，他们当时虽然知道偷东西不好，但还意识不到这种行为的严重性，后来慢慢知道了，也就再没有犯过。

可见，父母都是从孩子长大而来的，孩子的不当行为，不少父母也干过。孩子偷东西，要引起父母的重视，但也不要把它看成天塌下来似的。

很多时候，孩子偷东西是因为对于一件东西的所有权还不是很清晰；有时候是孩子控制不住自己喜爱的冲动，把自己喜欢的糖果、饼干，或者其他东西偷偷装进了自己的口袋里。父母要及时制止这种行为，但不要吼叫、威胁、吓唬孩子。

父母不要说以下这样的话：

"天呀，你居然偷东西，我真替你感到羞耻。"
"我警告你，如果再偷东西，看我怎么收拾你！"
"小时候就小偷小摸，大了就会变成强盗。"

父母的这些反应会引起孩子的逆反心理，而且父母经常预言孩子将来有可能成为小偷，渐渐地，孩子会认为自己的确是个小偷，然后发挥自己的偷窃本领，长大后，这些人会成为贪污犯，或者成为学术论文的剽窃者。

对于孩子偷东西的行为，父母与孩子交流时，不要涉及孩子的品性和人格，也不要深究孩子的动机："你为什么要这么做？"因为孩子很可能不知道动机，父母的逼问只会让孩子撒谎，无济于事。父母要就事论事，制止孩子的行为就可以了，这样孩子就能逐渐辨别是非，树立正确的价值观。

细节42
孩子闯祸了，父母怎么处理最合适

周三，蒙蒙的爸爸正在上班，突然接到学校老师打来的电话。

老师："您是蒙蒙的爸爸吗？"

蒙蒙爸爸："是的。"

老师："您赶紧来学校一趟吧！"

蒙蒙爸爸："我儿子出什么事情了？"

老师："蒙蒙在学校打人了，希望您能来配合教育。"

听到这件事情后，蒙蒙的爸爸火冒三丈，在赶往学校的路上，他设想过如何教训这个不听话的儿子：大骂儿子？狠狠地抽他耳光？罚他三个月不出门？没收他的手机、电脑？

但很快，蒙蒙的爸爸就冷静了下来，告诉自己，必须先弄清楚究竟发生了什么：儿子打人的具体情形是怎样的？他为什么会打人？因为打人只是表面现象，必须解决儿子内心深处的问题，才能从根本上解决孩子的行为问题。

蒙蒙的爸爸见到老师后，认真倾听了事情发生的前因后果，原来是一个同学先羞辱了蒙蒙，蒙蒙才动手打了对方。蒙蒙爸爸说："无论如何，蒙蒙动手打人都是不对的，我很感谢老师让他写检讨，并请我到学校，我会让孩子学会管理愤怒的。我也会让孩子去校医室，看望被打的孩子，向被打的孩子和父母道歉。"

蒙蒙的爸爸配合老师做了很多工作，从头到尾，都很冷静，见到儿子后，没有呵斥，没有耳光，也没有惩罚。

回家时，爸爸一路沉默，让儿子蒙蒙思考了很多。

在回家之后，儿子终于打破沉默："爸爸，我知道了，我要学会控制自己。"

蒙蒙的爸爸为父母们演示了"反应"与"回应"的区别。他最初设想的那些惩罚方式，都是一种反应。当孩子搞砸一件事情或者闯祸之后，父母感觉被刺激到，于是经常会怒火中烧，不过脑子地做出反应。反应是本能的，冲动的，情绪化的。在反应时，父母会采取战斗性的语言和行为，例如威胁、辱骂、吼叫、殴打和惩罚等。总之，怎么解气怎么来。但是，父母的反应也会激发孩子的反应，孩子们会以厌恶、愤怒、憎恨和报复来回应。

故事中，蒙蒙爸爸采取的方法，则是一种回应。回应是经过大脑冷静思考后采取的理智行为。与此同时，父亲的理智会激发孩子去思考，让他们变得理智，并从那些糟糕的事情中总结出教训，培养出正确的价值观。

细节43
与同龄人相处——培养有主见的孩子

周五放学的时候，陈锋等几个12岁的小学生被一个同龄的社会"小混混"所驱使，居然把老师的电动车给弄坏了。

"小混混"用针扎向电动车的轮胎，只听"哧"的一声，轮胎泄了气。

"小混混"叫道："看见没有，你们老师批评你们，我就替你们出口气。"

"好咧，厉害！"几个小学生欢呼起来。

"哼……"陈锋拿起石头"砰"的一声砸碎了电动车的后视镜，"看你还敢不敢把我留堂，我让你走路回家。"

老师发现陈锋等人正在搞破坏，就呵斥起来："你们干吗？"

"快跑……"陈锋等人跑得比兔子还快。

后来，陈锋等人被学校记过处分，教唆他们的"小混混"也被警察叔叔训诫批评。

12岁左右的孩子，有一个重要的心理特征，就是会被同龄人吸引。同龄人的说话方式、习惯、嗜好都会对孩子造成影响，引发孩子的效仿。如果同伴彬彬有礼、举止得当，孩子也会向他们学习。但是，如果同伴总是顶撞父母、说脏话、穿奇装异服、做坏事，孩子也会受到这样的影响。

孩子需要同龄人做朋友，但这些同龄人也都是些不成熟的孩子，没有多少经验，面对问题和困难时，容易冲动行事，带来麻烦。以上故事中，陈锋等人就是被社会"小混混"所影响、所驱使，干起了"破坏财物"的行为。所以，在孩子未成年之前，绝不能让同龄人引领他们，这份引导的责任，要始终掌握在父母手中。父母——也只有父母——才能成为值得孩子信赖的顾问，协助他们树立正确的价值观。

不过，如果父母过去没有采用"自主性成长法则"教育孩子，很少让孩子自己做选择，那么随着孩子年龄的增加，就会越来越想逃离父母。这些孩子宁愿听同伴的话，也不想听父母的劝告。他们觉得和父母没有共同语言，父母不理解自己，事事都要干涉，而且观点落伍老土。有这些感受，并不是孩子的错，他们由于一直没有"自己说了算"的经历和感受，所以，会在这个时候迫切渴望摆脱父母的束缚。但他们又没有自律的能力，所以，他们在多大程度上摆脱了父母，就在多大程度上受到同龄人的左右。可以说，对这些孩子而言，父母与同龄人就像在拔河，彼此都在用力争夺着自己，而父母常常是输家。

被同龄人左右的孩子，也都是缺乏自主性成长的孩子，在孩子尚且年弱力微时，他们总会听到父母的命令："我让你做什么，你就做什么。""照我说的做，否则……"那时候，叛逆的种子就已经在心里种下了，而当这些孩子逐渐长大后，潜意识中便发生了一次巨变：现在我已经长大，再也不用受你们的约束了，我可以做主了！虽然孩子们兴致勃勃，但真实的情形并非他们想的那样。在过去十几年中，他们一直被约束，没有主见，不懂自律，也没有树立起正确稳定的价值观，所以，即使有一天他们不再想听父母的话，并不意味着他们就能独立思考，真相是，他们只是把父母换成了另一些人——同龄人。

很多父母无奈地表示，曾经乖巧的孩子到了 12 岁左右时，突然就变成了另一个人，让父母十分失望。这种说法本身就是错误的，孩子其实一点儿都没有变，他们依然听命于自己之外的声音，只是那声音不再是父母的了。

父母要让孩子避免被同龄人左右，需要分几步走：

第一步，就是要允许孩子从年幼时，就能在一定范围内自己说了算。哪怕是无足轻重的小事，父母也要给孩子几个选择：你是喝牛奶，还是豆浆？穿红外套还是白外套？手套是放在兜里还是戴着？这些细节能培养孩子独立思考的习惯，并通过亲身经历，逐渐树立起正确的价值观。假以时日，当孩子面对同龄人的负面影响时，这些价值观就能发挥出巨大的作用。

第二步，在孩子 12 岁左右，父母需要与他们讨论同龄人带来的压力。父母要让孩子知道友谊的重要性，也支持孩子交朋友，但是做一个有主见的人更加重要。父母甚至可以对孩子说："我们能感受到，你不想对父母言听计从，这很好。你的下一个任务，就是学会如何对朋友也不言听计从，真正做到有主见。"

第三步，要培养孩子对朋友说"不"的能力。父母应该教给孩子如何说"不"，比如，如果孩子的朋友叫他一起去打架，我们可以教孩子这样说："我很乐意跟你去滑旱冰、去商场、去冷饮店什么的，除了打架之外的任何事。"当然，拒绝是有代价的，如果说"不"的次数太多，孩子很容易被孤立，但只有当孩子知道什么时候该说"不"与"是"时，他们才会觉得自己真的长大了。

另外还有一点，我们要允许孩子在对同伴说"不"时，将父母当成挡箭牌："不，如果我干这种事，我爸妈会杀了我！"教会孩子用这一招，效果立竿见影。

如果父母从小就在运用"自主性成长法则"养育孩子，那么他们与孩子建立的关系既亲密无间，又主次分明。当孩子逐渐长大，接触的同学和朋友越多，越会珍惜与父母之间的关系。因为在自主性成长的过程中，孩子已经学到了一些辨别是非的能力，树立起了正确的价值观，真真切切感受到父母是这个世界上最爱自己的人。这样，孩子自然而然可以抵制住那些同龄人的诱惑与影响。

细节44
言传身教，培养孩子的价值观

有一天放学后，8岁的小伟来到爸爸修单车的铺子，他看见爸爸一会儿补车胎、一会儿接链条、一会儿换刹车片，忙得汗流浃背、满身油渍……

小伟突然发问："爸爸，你做这个有什么用，修单车又苦又累，也没有挣多少钱。"

爸爸想了一下，对儿子说："修单车虽然很简单，但是像我这样坚持 20 年修单车的人，就不简单了。就像你一样去上学，从幼儿园到小学，以后再读中学、大学，读书十几年，也很了不起了。"

小伟："哦，可是我有点不明白你修车与我读书有什么关系。"

爸爸笑着说："爸爸修车，说小了就是赚钱养家，说大了就是服务他人为社会做点贡献。爸爸给你交学费，你努力读书，以后你长大了，也要像爸爸这样靠自己安身立命，做一个有益于别人、有益于社会的人，不用管人家说闲话。"

小伟："可是你可以去找更好的工作。"

爸爸语重心长地说："如果爸爸去工作了，每天早出晚归，就不能天天接送你上学了，也不能照顾卧床养病的妈妈了。"

不得不说，在现实世界中，正确的价值观正在遭受着巨大的考验。父母都想让孩子成为有道德、有责任感的人，那么应该怎么做呢？

如果父母简单地告诉孩子："你要这样做。"父母这些命令和威胁或许在短期内有效果，但是它们不能塑造孩子的思想，也不能让孩子信服我们是对的。事实上，教育过程就是一个价值观传递的过程。

在传递价值观的问题上，既有好消息，也有坏消息。坏消息是，传递价值观不是一条宽阔的坦途，有些方法上一代人用起来奏效，但是对我们孩子这一代人却未必管用。好消息是，尽管如此，我们只要做出足够的思量和努力，就能将价值观传递给孩子。

向孩子传递价值观，有两种方式：

一种是通过孩子的观察，父母要以身作则，给孩子做好榜样。当孩子看到我们是诚实的，他们就学到了诚实；当我们以爱和尊重的方式与孩子交流，他们就学会了用同样的方式与他人沟通。

另一种是通过与父母相关的经历培养价值观。像以上故事中，修单车的爸爸通过自己的经历告诉儿子，虽然爸爸的工作又脏又累，但能扛起一个家，就很有价值，也很有意义。

父母还可以通过"旁听法"来向孩子传递价值观。父母可以相互讨论一些和价值观有关的话题，不过，要让孩子能够听到我们的谈话。如果我们希望孩子学会诚信，我们就让他们"碰巧听到"我们讲述自己的诚信行为。爸爸可以对妈妈说："你知道吗，今天我遇到一件有趣的事。在商店里，我买了一瓶5元的汽水，我给了店员10元钱，结果他找给了我15元，所以我还给了他10元。我本来可以什么也不说，口袋里就会多10元钱，但是诚实一点，做正确的事让我感觉更好。"

孩子们在听父母谈话时，会吸收听到的东西。无论是好是坏，他们都会照单全收，因此，父母不恰当的言行也对他们有同样的影响力。如果父母一味地嘲笑其他人，孩子也会认为嘲笑和讽刺是一种可以接受的说话方式。如果父母在玩棋类游戏或运动时作弊，那么当孩子在学校因为作弊被抓时，父母就不该生气地问他"为什么"。如果父母嘴上说得好听，行动却完全相反，那么孩子必然不会听父母的教诲。

父母对孩子产生影响的另外一种方式，是父母对待孩子的方式。父母怎么对待孩子，孩子就会怎么对待别人。父母尊重孩子，将教会孩子尊重他人。父母公平地对待孩子，会让孩子愿意公平地对待其他人。

越来越多的孩子有自己的思想，他们希望保持独立，自己思考。他们会抖落被强加在身上的东西，拥抱自己相信的事物。如果父母想将自己的价值观传递给孩子，就必须采取一种孩子可以接受的方式，用正确的行为和语言表现出来。**孩子的价值观来自于他们看到和听到的东西，而不是灌输给他们的想法。**

细节45

性——培养健康的性意识

一天晚上，妈妈穿着睡衣，正在看书。可是，6岁的女儿张玲突然钻进妈妈的卧室，挤上妈妈的床。

女儿张玲好奇地问："妈妈，为什么我和弟弟撒尿的地方不一样？"

妈妈说："当然不一样，你是女孩子，长大了就像妈妈一样；弟弟是男孩子，长大了就像爸爸一样。"

女儿问："妈妈，我是怎么跑到你肚子里去的？"

妈妈说："爸爸很爱妈妈，而妈妈肚子里有个小宫殿，于是，爸爸就把你送到妈妈的宫殿里来了。等你长够10个月，爸爸和医生再一起把你接出来。"

女儿问："妈妈，你的胸为什么是那个样子的？"

妈妈说："因为妈妈生你和弟弟时，需要用母乳来喂养，需要在胸口存点奶水，存多了胸脯就变大了，就像骆驼身上的驼峰一样。以后你做了妈妈，你的胸也会像妈妈的一样大。"

女儿点点头说："妈妈真棒。"

当孩子第一次提出与性有关的问题时，父母们通常都会有些为难。父母不能骗孩子他们是捡来的或是超市买卫生纸的赠品，但是我们却又不知该如何表达，才能让孩子既了解性，又不会产生负面效果。

"自主性成长法则"中倡导，如果父母想让孩子对一件事具有正确的态度，父母要以身作则，自己先要对这件事表现出正确的态度。这一点在对待"性"这个话题时，更是如此。

如果父母认为谈论性是羞耻的事，露出难以启齿的表情，或者闪烁其词，孩子会认为性是丑事，是让人恐惧的。如此一来，孩子会在应该了解性的阶段，将性视为洪水猛兽。

但是，如果父母不假思索地将性知识全都塞给孩子，孩子也会难以接受。孩子需要知道的，是他所处年龄应该知道的性知识，如果超前教育，则会过早激发孩子对性的兴趣。

所以，父母在与孩子谈论性话题时，我们要像谈论其他话题的态度一样，冷静客观地描述，就故事中张玲的妈妈一样，通过自己的经历和恰当比喻回答女儿关于性的问题，一点也不回避。即使孩子提出了让人难堪的问题，父母也绝对不能发怒或避而不答，要与孩子共情，理解孩子心中的疑惑。

还有一点，不同年龄的孩子对于性的疑惑是不同的。幼儿期的孩子疑惑的是身体构造的不同，疑惑自己是怎么出生的；再大一些的孩子，可能会对异性产生朦胧的好感；而青春期的孩子，性冲动则是个躲不开的话题，他们会自慰，还有想要与异性接触。父母需要根据孩子的年龄阶段，去解决孩子在性上的困惑。

这些时候，需要遵循"自主性成长法则"，对孩子做好情感引导。比如，父母可以这么对孩子说："当我像你这么大的时候，对这件事也很好奇。""我在上学的时候，也有暗恋的人。""我很理解你的感受，我当年也是这样过来的。"这样，可以让孩子知道自己是很正常的，免除他们对于性话题的胆怯和惶恐。我们要正确地与孩子谈论性，是因为性对于孩子而言，不仅是门生物科学，还可以让孩子很好地认识自己、保护自己。

细节46

认识死亡——培养孩子对生离死别的正确认知

晚上，墨色的天空镶着一弯新月，旁边点缀着几颗小星星，星星眨着眼，似乎在伤心地流泪……

月光透进屋子里，洒在窗边的鱼缸上。鱼缸里有一条红色的金鱼一动不动地浮在水面上……

5岁的莉莉看到后，忍不住哭起来："死了，死了……"

妈妈跑过来问："什么死了？"

莉莉泪流满面地指着鱼缸："宝贝金鱼，金鱼死了。妈妈，你能不能让金鱼活过来？"

妈妈说："哦，这确实让人很难受。妈妈不能让金鱼活过来，因为我们人类和动物一样，都有出生、长大，再到死亡的过程，这是自然规律，我们改变不了。不过，你想想看，这只金鱼死掉之后，它就可以像风一样去任何想去的地方，它可以回到大海里，去找它的好朋友，也可以升到天上去，去找月亮和星星玩了。"

莉莉好奇地问："真的？"

妈妈说："当然是真的。金鱼死了，它已经去新的世界生活了。我们可以把鱼缸里的水倒掉，把鱼缸清理干净，好迎接新的金鱼。"

莉莉点点头，然后擦干眼泪开始默默清理鱼缸。

对于死亡，孩子们通常都经历过几段体验。

最开始，孩子们很懵懂，完全不知道死亡意味着什么，即使他们偶然听到一些与死亡有关的故事，也不会有什么反应。然后有一天，孩子们突然接触到了人生的第一次死亡，或者是心爱的宠物死去了，或者是有亲近的家人去世，他们才意识到，原来这就是死亡，自己永远见不到对方了，不能和对方说话和玩耍了。

一旦见识过死亡，孩子通常会立刻对死亡产生巨大的恐惧。孩子会问爸爸妈妈或其他亲人："你会死吗？"如果得到肯定的回答，孩子会难过得哇哇大哭。还有些孩子开始担心自己会死，但他们并非出于安全角度去考虑，而是纯粹的恐慌。

如何让孩子正确看待死亡，也是树立正确价值观的内容之一。

遵循"自主性成长法则"的父母，不会嘲笑孩子对于死亡的恐惧，而是通过自己的经历与感受，培养孩子对生离死别的正确认知。

父母可以给孩子讲一讲家里老人去世的经过，或者讲讲父母自己第一次经历与死亡有关的事，说说当时有过怎样的感受。这样，孩子不仅可以知道自己的感受有人理解，也会接收到这样的信息：死亡是一件很常见的事。这有助于降低孩子对于死亡的恐惧感。

父母还可以让孩子发表一些关于死亡的看法，让孩子进行一些思考，比如父母可以对孩子说："如果你最亲近的人死了，你会忘记他们吗？""如果哪天爸爸妈妈离开了你，你做好准备独当一面了吗？"

此外，父母还可以借助一些图书或影视作品，让孩子从不同的角度看待死亡。死亡是生命给予人类的终极教育，孩子只有接受了死亡的存在，才会努力自主性成长，让自己活得更快乐，让生命更有意义。